मानव समाज के विभिन्न क्षेत्रा. म. सभी मनुष्या. के विचार एक समान नहीं होते। देश, धर्म, राजनीति, समाज आदि के विषय म. मनुष्या. के विचारा. से विभिन्नता अनेक प्रकार की भावनाआ. को जन्म देती है। इन विभिन्न क्षेत्रों के विषया. म. किसी मनुष्य के विचार ही उस विषय म. दृष्टिकोण अथवा दर्शन कहा जाता है।

स्वतंत्र भारत के निर्माण के लिए भारतमाता के जिन सपूतों ने अपना जीवन न्यौछावर कर दिया, उन्हीं महान सपूता. म. 'गोपालकृष्ण गोखले' का नाम स्वर्णाक्षरा. में लिखे जाने योग्य है। वे महान देशभक्त, अहिंसा के पुजारी और साम्प्रदायिक एकता के प्रबल समर्थक थे। वे सभी धर्मों का सम्मान करते थे। वे भारत मां की आजादी के लिए जीवन-पर्यन्त संघर्ष करते रहे और देश की आजादी के लिए उन्हा.ने विरोधा. का सामना करते हुए अनेका. प्रकार के कष्ट सहन किए, परन्तु अपने मार्ग से विचलित न हुए। इस पुस्तक में आजादी के लिए समर्पित गोपालकृष्ण गोखले का पूरा विवरण प्रस्तुत है।

AF519232

भारत के महान अमर क्रांतिकारी

गोपालकृष्ण गोखले

अवधेश कुमार चतुर्वेदी

डायमंड बुक्स

प्रकाशक : **डायमंड पॉकेट बुक्स (प्रा.) लि.**
X-30 ओखला इंडस्ट्रियल एरिया, फेज-II
नई दिल्ली-110020
फोन : 011-40712200
ई-मेल : sales@dpb.in
वेबसाइट : www.diamondbook.in

मुद्रक :

Bharat Ke Mahan Amar Krantikari Gopal Krishan Gokhle
By : Awadesh Kumar Chaturvedi

भूमिका

गोपालकृष्ण गोखले का जन्म भारतीय इतिहास के उस युग मे. हुआ था जिसका निर्माण उन्हा.ने खुद किया था। गोखले के जन्म से 9 वर्ष पूर्व 1857 का पहला स्वतन्त्रता संग्राम हो चुका था। वीरता, त्याग, स्वतन्त्रता की अपरिमित चेतना के बावजूद, यह संग्राम बुरी तरह असफल सिद्ध हुआ था। इसका सबसे बड़ा कारण यही था कि यह संग्राम बिना किसी योजना के और निश्चित तिथि से पूर्व ही प्रारम्भ हो गया था।

गोपालकृष्ण गोखले ने स्वतंत्रता संग्राम को योजनाबद्ध ढंग से लड़ने का बीड़ा उठाया। कांग्रेस के जन्म के समय सन् 1885 से ही, गोखले कांग्रेस के साथ हो गए। महात्मा गांधी को गोखले ने ही राजनीतिक दीक्षा दी। अहिंसात्मक आंदोलन, दक्षिण अफ्रीका के प्रवासी भारतवासियों के लिए आंदोलन व ब्रिटिश संसद, वायसराय, भारत मन्त्री के समक्ष गोखले ने अपनी उच्चतम तर्कशक्ति, आंकड़ा. व कानून सम्मत आख्या द्वारा अपनी बात रखी। उन्हा.ने सारे संसार के सामने ब्रिटिश शासको. की कथनी व करनी को रखा, जिससे भारत की स्वतंत्रता की बात का अनुमोदन संसार के अन्य देशा. ने भी कर दिया।

गोखले ने भारतीय राजनीति मे. एक नई विचारधारा, नई चिंतन पद्धति और चेतना को जन्म दिया; जिसने भारतीय जनमानस को शिक्षा, आर्थिक व सामाजिक पक्ष मे. एक नई दिशा दी। उन्हा.ने महात्मा गांधी जैसा नेता हमे. दिया जिन्हा.ने आगे जाकर स्वतंत्रता और अहिंसा की नई दिशा दी। उन्हा.ने सर्वेंट्स ऑफ इंडिया सोसायटी जैसी संस्थाआ. को जन्म दिया। आश्रम पद्धति,

जिसको महात्मा गांधी ने आगे बढ़ाया, गोपालकृष्ण गोखले की ही देन है। समाज सुधार की परम्परा के जनक भी गोपालकृष्ण गोखले ही हैं।

एक साधारण परिवार मे. जन्म लेकर गोपालकृष्ण गोखले ने असाधारण कार्य किये। उन्हा.ने अपने कार्य का प्रारम्भ शिक्षा–क्षेत्र से किया। उनकी ईमानदारी, उत्साह, निष्ठा व आस्था ने भारतवासिया. के मन मे. नई प्रेरणा जगाई। गोखले ने अपनी भूमिका दृढ़तापूर्वक निबाही, अपनाये गये पथ पर उनके पैर कभी डगमगाये नहीं। राजनीतिक आदर्शों से वह कभी अलग नहीं हटे। स्वयं गोखले के अनुसार उनका हृदय भारत के प्रति इस तरह समर्पित था कि वह भारत के सच्चे सेवक बन गये। विफलता उन्ह.. कभी रास नहीं आई, सफलता ने उन्ह: जरा भी मतवाला नहीं बनाया। अपने जीवन के अन्तिम काल तक गोखले कर्मयोगी बने रहे।

गोपालकृष्ण गोखले ने वैधानिक तरीकों द्वारा स्वतन्त्रता आंदोलन की नींव रखी। उनके समकालीन लोकमान्य बाल गंगाधर तिलक ने उनके नरमपंथी आंदोलन की कटु निन्दा की। कांग्रेस का एक वर्ग उनके साथ भी हो गया जिसने अपना नाम गरम दल रख लिया।

पर इस स्थिति मे. भी गोखले पथ से डिगे नहीं। उनको पक्का विश्वास था–बातचीत, अहिंसात्मक आंदोलना. व तर्क से ही देश को स्वायतत्ता मिल सकती है। गोपालकृष्ण गोखले की बहु–आयामी प्रतिभा, जीवन चरित और उनके जीवन से जुड़े प्रसंगा. का इस पुस्तक मे. समावेश करने का प्रयास किया गया है।

–अवधेश कुमार चतुर्वेदी

विषय-सूची

जन्म और शिक्षा

भारत के महान सपूत, देशभक्त और स्वतंत्रता सेनानी गोपालकृष्ण गोखले का जन्म, 9 मई सन् 1966 को बम्बई प्रेसीड.सी के रत्नागिरी जिले के कोतलुक गांव मे. हुआ था। गोखले परिवार मूलत: इसी जिले के वेलणेश्वर गांव का रहने वाला था। व्यावसायिक कारणों से गोपालकृष्ण गोखले का पूरा परिवार एक अन्य गांव ताम्हनमाला मे. आ बसा था।

यह दौर राजनीतिक आंदोलनों का दौर था। 1857 का पहला राजनीतिक विद्रोह कुछ वर्ष पूर्व ही समाप्त हुआ था। यद्यपि यह विद्रोह असफल सिद्ध हुआ था पर भारतीय जनमानस मे. इस विद्रोह के कारण ही स्वतंत्रता की आग धधकने लगी थी। तब तक ईस्ट इंडिया कम्पनी की सरकार समाप्त हो गई थी व महारानी विक्टोरिया ने शासन की बागडोर अपने हाथों मे. ले ली थी।

ऐसे राजनीतिक वातावरण मे. गोपालकृष्ण गोखले ने अपनी आंखें खोलीं। उनके परिवार की थोड़ी-बहुत जमीन थी, जिसकी अच्छी देखभाल होती थी।

रत्नागिरी की भौगोलिक स्थिति और अतिवृष्टि के कारण, यद्यपि वहां अधिक अनाज नहीं उगाया जा सकता था। पर वहां फल अधिक संख्या मे. होते थे-आम, नारियल, काजू, कटहल से यह भू-भाग लदा हुआ है। यात्रा का साधन उस समय नौकाय. थीं।

गोपालकृष्ण गोखले का परिवार सम्पन्न मध्यवर्गीय परिवार था। यह परिवार उच्चस्थ ब्राह्मण कुल का था। परिवार का सिद्धान्त था 'परमित इच्छा संयत व्यय'। कुछ पश्चिमी विचारका. ने इस परिवार को लेकर अनेक भ्रामक बात. फैलाई थीं।

पर, यह परिवार व्यवहार कुशल, महत्वाकांक्षी, देखने मे. स्वस्थ व

सुन्दर था। अपनी इन विशेषताओं के कारण गोखले परिवार जो चितपावन ब्राह्मण कुल का था। अपने क्षेत्र मे. अग्रणी था व आज भी महाराष्ट्र के शिखर पर चितपावन ब्राह्मण परिवार ही हैं। महाराष्ट्र के ऊपर सौ साल तक शासन करने वाला पेशवा परिवार भी इन्हीं चितपावन ब्राह्मण परिवार से सम्बद्ध रखता था जो कोलावा जिले के श्रीवर्द्धन नामक स्थान से पूना चले आए थे।

ऐसे उच्च कुलीन ब्राह्मण संस्कारशील परिवार मे. गोपालकृष्ण गोखले का जन्म हुआ था। उनके पिता का नाम कृष्णराव था जो कोल्हापुर रियासत के एक सामंती रजवाड़े कागल मे. कार्यरत थे। शुरू मे. कृष्णराव वहां एक साधारण क्लर्क थे। धीरे-धीरे तरक्की कर वह रियासत की पुलिस के इंस्पेक्टर बन गए।

गोपालकृष्ण गोखले की मां कोतलुक गांव के 'ओक' परिवार की थीं। उनके कुल छह बच्चे थे। चार लड़कियां और दो लड़के। बड़े पुत्र का नाम गोविंद था व छोटे गोपालकृष्ण गोखले थे। जिन्हा.ने बचपन से ही ईमानदारी, सत्यनिष्ठा, निस्वार्थ कार्य भावना का संस्कार अपने परिवार से ही पाया। आगे चलकर उन्हा.ने अपने इस उत्तराधिकार से पाई सम्पदा मे. और श्रीवृद्धि की।

गोपालकृष्ण गोखले की प्रारम्भिक शिक्षा घर पर ही हुई या स्कूल मे. इसकी जानकारी उपलब्ध नहीं है। उनकी मां स्कूली शिक्षा के नाम पर तो शून्य ही थीं। पर उस समय की परम्परानुसार बुद्धिमती और ज्ञानवान थी। परम्परागत ज्ञान, रामायण, महाभारत कथा उन्ह.. कंठस्थ थी। संत महात्माओं के उपदेश भजन मे. उनकी विशेष अभिरुचि थी। घर की रात भजनों से होती व सुबह भी प्रभातकालीन भजना. से होती। इस तरह की धार्मिक मां के पुत्र, जिसके घर का वातावरण ही घोर धार्मिक था, असर गोपालकृष्ण गोखले पर भी पड़ा।

गोपालकृष्ण गोखले की प्रारम्भिक शिक्षा 'कागल' मे. शुरू हुई थी जहां की एक घटना उल्लेखनीय है। जिससे गोपालकृष्ण गोखले की सत्यनिष्ठा और ईमानदारी का पता चलता है।

अपने बचपन मे. जब गोपालकृष्ण गोखले तीसरी कक्षा के छात्र थे उनके अध्यापक ने गोपालकृष्ण को कुछ गणित के सवाल घर से करके लाने को दिए।

गणित के ये सवाल बहुत ज्यादा कठिन थे जिन्ह. गोपाल खुद काफी कोशिश करने के बाद भी हल नहीं कर पाए। तब उन्हा.ने अपने बड़े भाई

गोविंद की सहायता से वह सारे सवाल हल कर डाले।

दूसरे दिन कक्षा मे. जब छात्रा. का गृह कार्य देखा तो सारे छात्रा. के सवाल गलत थे। सिर्फ गोपालकृष्ण गोखले के सारे सवाल सही थे। इस पर अध्यापक ने उन्ह.. पास बुलाकर सारी कक्षा को सम्बोधित करते हुए शाबासी देनी चाही।

गोपालकृष्ण गोखले अध्यापक के पास पहुंचकर फूट-फूटकर रो पड़े। इससे अध्यापक को बड़ा आश्चर्य हुआ...। उनके रोने का कारण पूछने पर बालक गोपाल ने रुंधे कंठ से कहा-उन्हा.ने यह सवाल खुद नहीं किए हैं बल्कि अपने भाई गोविंद से हल कराए है। इस कारण वह प्रंशंसा के हकदार नहीं है बल्कि अपराधी हैं।

उनके अध्यापक उनकी ईमानदारी, सत्यनिष्ठा से बहुत ज्यादा प्रभावित हुए। उन्हा.ने बालक गोपाल को हृदय से लगा लिया।

सन् 1874-75 मे. गोपालकृष्ण गोखले अपने बड़े भाई गोविंद के साथ उच्चतर शिक्षा प्राप्त करने कोल्हापुर आ गए। कोल्हापुर, कागल के नजदीक भी था व उच्च शिक्षा का केन्द्र भी था जहां अंग्रेजी की शिक्षा-दीक्षा का प्रबन्ध था।

जिस किस तरह दोना. भाइया. की उच्चतर कक्षाओं की शिक्षा प्रारम्भ हुई थी। उनके पिता राज्य पुलिस के इंस्पेक्टर जरूर थे पर रियासत मे. वेतन बहुत कम मिलता था। कम वेतन पर दो बच्चों को घर के बाहर रखकर पढ़ाना-लिखाना काफी कठिन कार्य था। फिर भी जैसे-तैसे गुजर चल ही रही थी कि अचानक पूरे परिवार पर वज्रपात हो गया। गोपालकृष्ण गोखले के पिता कृष्णराव का अचानक देहांत हो गया।

उस समय बड़े भाई गोविंद 18 वर्ष के थे और गोपाल मात्र 13 वर्ष के थे। पिता की आमदनी भी कम थी और उनकी मृत्यु के बाद तो खाने के लाले पड़ गए। वही घर के मुखिया थे, कमाने-धमाने वाले थे। गोविंद व गोपाल के चाचा अनन्त स्वयं राजकर्मचारी थे और उनकी तनख्वा ही बहुत ही मामूली थी। वह अपने खुद के परिवार का गुजारा ही बड़ी मुश्किला. से कर रहे थे उस पर बड़े भाई की असामयिक मौत ने उन्ह.. कड़ी चोट पहुंचाई थी। फिर भी वह अपने भतीजों, चार भतीजियों और विधवा भाभी को अपने साथ ताम्हनमाला ले आए।

ताम्हनमाला मे. कुछ दिन बाद निश्चित हुआ कि बड़े भाई पढ़ाई छोड़कर ताम्हनमाला मे. ही परिवार के लालन-पालन के लिए नौकरी कर.

और छोटे भाई गोपाल कोल्हापुर मे. अपनी अधूरी शिक्षा पूरी कर.।

बड़े भाई गोविंद को बड़ी सिफारिशा. से 15 रुपये मासिक वेतन पर नौकरी मिल गई। जिसमे. से आठ रुपये मासिक वह गोपाल की पढ़ाई लिखाई के लिए भेजने लगे। उस समय गोविन्द की उम्र भी कुल 18 वर्ष थी। इतने कम वेतन मे. पूरे परिवार का गुजारा करना आसान नहीं था। अतः पूरा परिवार कठिन जीवन-सघंर्ष से गुजर रहा था।

बालक गोपाल आठ रुपये मे. से चार रुपये एक भोजनालय मे. जमा कर देते जिसमे. महीने भर भोजन करते। बाकी चार रुपये मे. फीस, पुस्तक., कपड़ा. का प्रबंध करना पड़ता। गोपाल का जीवन सादगी भरा था। अपने परिवार की कठिन स्थिति को वह अच्छी तरह जानते थे। इसलिए एक-एक पाई बड़े ही सोच-समझ कर खर्च करते थे।

एक बार एक मित्र के आग्रह पर वह नाटक देखने चले गये। नाटक काफी मनोरंजक था। बालक गोपाल को नाटक अच्छा लगा पर नाटक देखने के दूसरे दिन ही उस मित्र ने उनके नाटक के टिकट के दो आने पैसे ले लिए। अगर गोपाल को नाटक देखने के लिए पैसे देने की बात मालूम होती तो वह कभी नाटक देखने ना जाते। पर अब तो नाटक देख चुके थे। दो आने के इस आर्थिक घाटे को उन्ह.. किसी तरह पूरा करना ही था। इसलिए गोपाल ने अपने लैम्प के लिए मिट्टी का तेल नहीं खरीदा। सारी रात वह गली की रोशनी मे. बैठकर पढ़ते।

15 वर्ष की अवस्था मे. मैट्रिक पास करने से पूर्व ही उनका विवाह हो गया। उन दिनों इस उम्र तक विवाह करने की परम्परा थी। कोई व्यक्ति इस तरह के विवाह का विरोध करना तब तक सीख नहीं पाया था।

युवा गोखले ने कम उम्र मे. ही इंट्रेस की परीक्षा पास कर ली, वह भी प्रथम प्रयास मे. ही। यह एक उल्लेखनीय बात थी। यद्यपि उन्ह.. कोई छात्रवृत्ति नहीं मिल रही थी – परीक्षा मे. भी वह कोई सर्वोच्च अंक प्राप्त नहीं कर पाये थे। फिर भी उनकी इच्छा आगे पढ़ने कि थी। ऐसी स्थिति मे. उच्च शिक्षा प्राप्त करना कठिन ही था। ऐसी स्थिति म. उन्हा.ने कुछ कार्य करने का प्रस्ताव रखा जिसे उनके बड़े भाई गोविंद और उनकी पत्नी ने अस्वीकार कर दिया। भाभी ने अपने सारे आभूषण गोपाल को सौंप दिए ताकि उन्ह.. बेचकर वह अपनी पढ़ाई पूरी कर.। भाई-भाभी के त्याग के सामने युवा गोपाल नतमस्तक हो गए।

जनवरी 1882 को गोपालकृष्ण गोखले, कोल्हापुर के राजाराम

कॉलेज मे. बी० ए० मे. दाखिल हो गए। उन दिनों भी वह बहुत संकोची पर प्रबुद्ध छात्र थे। उनकी स्मरण शक्ति बहुत ही तीव्र थी। उनके सहपाठी श्रीनिवास शास्त्री के अनुसार "प्राय: वह अपनी पुस्तक किसी सहपाठी को देकर कहते वह पूरा पाठ ध्यानपूर्वक देखे; वह उन्ह.. अच्छी तरह याद है या नहीं। अगर पाठ सुनाने मे. कोई भूल हुई तो वह एक आना जुर्माना देंगे। मगर गोपालकृष्ण गोखले से कोई भी छात्र एक आना जुर्माना वसूल नहीं कर पाया।"

अंग्रेजी भाषा से गोपालकृष्ण गोखले को जरा-सा भी लगाव नहीं था। पर अंग्रेजी भाषा वह पूरी लगन से सीखना चाहते थे। इसके लिए उन्हा.ने अपनी स्मरण शक्ति का लाभ उठाकर 'स्टाक कृत' 'राकेनी' को पूरी तरह रट लिया था। इस कारण अपने सहपाठी समाज मे. उन्ह.. रट्टू तोता नाम मिला।

राजाराम कॉलेज से प्रीतिमरु परीक्षा पास करने के बाद ही गोपालकृष्ण गोखले कुछ समय पूना के दक्कन कॉलेज मे. भी पढ़े, फिर राजाराम कॉलेज मे. आग की कक्षाएं प्रारम्भ हो जाने पर, फिर वहीं वापिस लौट आए। अंतिम वर्ष कि परीक्षा अवश्य उन्हा.ने बम्बई के एलिफेस्टन कॉलेज से उत्तीर्ण की।

सन् 1884 के आस-पास पूना शहर मे. काफी उल्लेखनीय घटनाएं घटी थी। विष्णु शास्त्री चिपलूणकर ने न्यू इंगलिश स्कूल की स्थापना की थी। अगले साल चिपलूणकर, तिलक और आगरकर नामक मराठा नवयुवकों ने मिलकर मराठी मे. 'केसरी' और अंग्रेजी मे. 'मराठा' नामक साप्ताहिक समाचार-पत्रा. का प्रकाशन शुरू किया।

मराठा के 8 जनवरी 1882 के अंक मे. कोल्हापुर के दीवान बर्वे नामक व्यक्ति के खिलाफ समाचार छपा। यही सामग्री केसरी के अंक मे. भी छपी। बाद मे. यह पत्र जाली पाए गए। जिस कारण तिलक व आगरकर को चार-चार माह का कठोर कारावास हो गया।

जनता ने सम्पादका. के विरुद्ध सहानुभूति दिखाने के कारण उनके बचाव के लिए धन संग्रह के प्रयास आरम्भ कर दिये। जिसमे. तमाम छात्रा. ने भी भाग लिया। न्यू इंगलिश कॉलेज व दक्कन कॉलेज के छात्रा. ने चार सौ रुपये एकत्र किए व राजाराम कॉलेज के छात्रा. ने इस निधि के लिए शेक्सपियर का हास्य नाटक कॉमेडी ऑफ एरर्स का प्रदर्शन किया। गोपालकृष्ण गोखले ने इन नाटकों मे. मठ स्वामिनी का अभिनय किया।

बम्बई के शिक्षा काल मे. गोपालकृष्ण गोखले प्रोफेसर हार्थनिवेट से बहुत ज्यादा प्रभावित हुए। वह गणित के प्रख्यात अध्यापक थे। डॉ० बर्ड सवर्थ जो कि अंग्रेजी के प्रोफेसर थे, का गोपालकृष्ण गोखले पर अच्छा-खासा प्रभाव पड़ा। इन प्राध्यापका. के प्रभाव से गोपालकृष्ण गोखले को बीस रुपये प्रतिमास की छात्रवृत्ति मिल गई।

सन् 1884 मे. बीस वर्ष की उम्र मे. गोपालकृष्ण गोखले को बी.ए. की उपाधि मिल गई। अब उनके सामने एम.ए. करने या सरकारी नौकरी कर लेने के कई प्रस्ताव थे। उनके कुछ मित्र चाहते थे कि गोपालकृष्ण गोखले इंग्लैंड जाकर आई.सी.एस. मे. बैठे, जिसके लिए वह उन्ह.. पूरी आर्थिक सहायता देने को तैयार थे। पर गोपालकृष्ण गोखले को इनमे. से कुछ भी मंजूर नहीं था। उन दिनों वकालत का पेशा बहुत सम्मान जनक समझा जाता था।

इस कारण उन्हा.ने पूना के दक्कन कॉलेज मे. विधि की शिक्षा के लिए अपना नाम लिखा दिया। अपने बड़े भाई-भाभी व अपने परिवारिक उत्तरदायित्वों को भी पूरी तरह निबाहने के लिए वह न्यू इंग्लिश स्कूल म. अंग्रेजी के अध्यापक बन गए। जहां उन्ह.. 35 रुपये प्रतिमाह वेतन मिलने लगा।

विकास के पथ पर

पूना के न्यू इंग्लिश स्कूल मे. अध्यापन के दौरान गोपालकृष्ण गोखले शहर की राजनीतिक व सामाजिक घटनाओं मे. ना चाहकर भी उलझ गए। वह मितभाषी थे इसलिए संयत भाषा मे. वह अपनी बात अपने छात्रा. तक पहुंचाते। वस्तुतः न्यू इंग्लिश स्कूल छात्रा. को ऐसी शिक्षा देने का एक केन्द्र नहीं था जो छात्रा. को सरकारी दफ्तरा. मे. क्लर्क बनने मे. पूरी-पूरी मदद देता हो बल्कि इसके विपरीत न्यू इंग्लिश स्कूल छात्रा. को आत्म-सम्मान, ज्ञान और समर्पण भावना की शिक्षा देने का केन्द्र था। ऐसी उच्चकोटि के आर्दश वाली संस्था मे. गोपालकृष्ण गोखले ने मन लगाकर काम किया।

इस स्कूल के संस्थापक विष्णु शास्त्री चिपलूणकर थे, जो पूना के रहने वाले प्रबुद्ध युवा थे। उन्हा.ने 100 रुपये मासिक वेतन की सरकारी नौकरी ठुकरा दी थी। जो उन दिनों के आर्थिक समीकरण के हिसाब से काफी उच्च था।

वह 'निबन्ध माला' नामक मासिक पत्रिका का सम्पादन करते थे जिसमे. राजनीतिक लेख छपते थे। इस पत्रिका से शिक्षित समाज बहुत प्रभावित था।

'आमाच्या देशाची स्थिति' नामक लेख मे. उन्हा.ने अंग्रेजी शासन की धज्जियां उड़ा दी। उन्हा.ने यह विचार प्रगट किया-शिक्षा ही इस देश का कायाकल्प कर सकती है। जिसे सरकार ने आपत्तिजनक मानकर जब्त कर लिया। इसी दौरान चिपलूणकर ने सरकारी नौकरी ठुकरा कर यह स्कूल खोला।

दक्कन कॉलेज मे. तिलक, आगरकर उनके सहपाठी थे और उन सबका यह मानना था कि भारत तभी स्वाधीन हो सकता है जब

भारतीया. को आधुनिक ढ़ग से शिक्षित किया जाए। आधुनिक विज्ञान, आधुनिक कला और आधुनिक चिंतन ही हमे. विदेशी शासन भार से मुक्ति दिला सकता है।

तिलक ने एक स्थान पर कहा–"देश की दयनीय अवस्था देखकर सिर चकरा जाता है... देश का उद्धार शिक्षा से ही सम्भव है।"

आगरकर चिपलूणकर ने भी तिलक की बात का समर्थन किया। एक से विचारों के कारण आगरकर और बाल गंगाधर तिलक ने चिपलूणकर की विचारधारा के अनुसार आधुनिक शिक्षा प्रणाली के प्रसार मे. अपना भरपूर सहयोग देना चाहा।

कुछ लोगा. को यह विचारधार अव्यावहारिक लग रही थी। उन्हा.ने इस सद्प्रयास को स्वप्न या मृगमरीचिका की संज्ञा दी।

पर चिपलूणकर अपने निश्चय पर अटल थे। उन्हा.ने कहा "अत्याचार के सामने घुटने टेकने के स्थान पर मैं इस जंजीरों को सदा के लिए टुकड़े-टुकड़े कर दूंगा।"

उनके विचारों के अनुसार स्थापित स्कूल पर उन्ह.. भरपूर सहयोग मिला। स्कूल मे. प्रवेश प्राप्त करने के लिए विद्यार्थियों की भीड़ लग गई। स्कूल के उद्घाटन के अवसर पर चिपलूणकर ने उद्घाटन भाषण मे. स्कूल का उद्देश्य साधारण व्यक्ति तक शिक्षा पहुंचाना बतलाया। चिपलूणकर, तिलक और नामजोशी नामक सज्जनों ने शिक्षा का भार अपने कंधा. पर लिया। आगरकर एम० ए० कर रहे थे इसलिए उन्हा.ने एक साल तक की छूट ले ली।

नए स्कूल की स्थापना और उसकी सफलता के उद्देश्य को लेकर इन तीनों नवयुवकों का वेतन 30, 35 रुपये प्रतिमाह था। इन युवकों की योजना महाराष्ट्र मे. इसी प्रकार के कई और स्कूल खोलने की थी। उन्हा.ने अपने त्याग का प्रचार करने के स्थान पर उसका पालन करने मे. अधिक रुचि ली। सन् 1885 मे. अर्थात् कांग्रेस के जन्म के समय ही पूना मे. फर्ग्युसन कॉलेज की स्थापना हुई।

गोपालकृष्ण गोखले भी प्रबुद्ध और स्वतंत्र विचारों के युवक थे। 35 रुपये मासिक पर वह भी न्यू इंगलिश स्कूल मे. सहायक अध्यापक के पद पर नियुक्त हो गए। इस आय मे. घर चलाना कठिन था। इस कारण एक अन्य अध्यापक के साथ सहयोग कर गोखले सरकारी सेवाआ. की परीक्षा देने वालों युवकों का अध्यापन करने लगें। जिससे उनकी गृहस्थी संतुलित होकर चलने लगी। 18 साल के स्नातक युवक की 75 रुपये प्रतिमाह की आय उन दिनों काफी थी।

इसके अलावा गोखले अपना बचा हुआ समय कानून के अध्ययन मे. लगाते। कानून की शिक्षा पूना मे. नहीं थी जिसके लिए उन्ह.. प्रति सप्ताह लॉ कॉलेज बम्बई जाना पड़ता जहां से वह कानून का अध्ययन कर रहे थे। परन्तु आगे अनेकों ऐसी कठिन परिस्थितियां आई कि गोखले तीव्र इच्छा होने के बावजूद वकालत की शिक्षा पूरी नहीं कर सके।

गोपालकृष्ण गोखले पर तिलक और आगरकर जैसे महापुरुषा. का जबरदस्त प्रभाव पड़ने लगा। जिसके हृदय मे. देश प्रेम कि भावना कूट-कूटकर भरी हुई थी। आगे हुई कई घटनाओं से यह साबित हुआ कि गोखले तिलक से ज्यादा प्रभावित हुए। आगरकर का उन पर इतना तीव्र प्रभाव नहीं पड़ा।

आगरकर ने गोखले के इंग्लिश स्कूल मे. आने के कुछ समय पश्चात यह प्रस्ताव रखा कि वह एक अध्यापक के रूप मे. इंग्लिश स्कूल के आजीवन सदस्य बन गये। गोखले ने इस प्रस्ताव को बड़े हिचकिचाते हुए स्वीकार किया, उन्ह.. डर था कि कहीं उनके बड़े भाई इस विषय पर आपत्ति प्रकट न कर.। सन् 1886 के आस-पास उनके भाई कि अनुमति मिल गई। इस प्रकार उनकी भावी जीवन कि आधारशीला रख दी गई।

सन् 1885 मे. गोपालकृष्ण गोखले ने पहली बार कोल्हापुर की सार्वजनिक सभा मे. पहला भाषण दिया। इस सभा की अध्यक्षता कोल्हापुर के रेजीड.ट श्री विलयम वार्नर ने की। उस सभा का विषय था अंग्रेजी शासन के अधीन भारत। तथ्या. का क्रम और अंग्रेजी भाषा का प्रभाव गोखले के भाषण कि विशेषता थी। जिससे उन्हा.ने श्रोताआ. को मंत्रमुग्ध कर दिया। श्री वार्नर भी असाधारण भाषण से बहुत ज्यादा प्रभावित हुए। उन्हा.ने मुक्त कंठ से गोखले की भूरि-भूरि प्रशंसा की।

पर एक अध्यापक के रूप मे. गोखले बहुत अधिक प्रभावशाली सिद्ध नहीं हो सके। वह चौथी व पांचवीं कक्षा को अंग्रेजी पढ़ाते थे। पढ़ाते समय वह पाठ्यपुस्तक की ओर देखते नहीं थे। बिना टिप्पणी की सहायता के वह पूरा पाठ पढ़ा देते थे तथा वाक्य को व शब्दा. को दोहरा देते थे। इसका कारण उनकी असीम स्मरण शक्ति थी। परन्तु सबसे ज्यादा कठिनाई कविताएं पढ़ाने के दौरान आती थी। उनके द्वारा कि गई व्याख्या विद्यार्थिया. की समझ मे. नहीं आती थी। विद्याथियों को आश्चर्य होता, जो शब्द उनकी समझ मे. नहीं आते गोखले उनसे भावविभोर हो उठते। इस कारण छात्र उक्त कविताआ. का मात्र अर्थ

ही जानना चाहते थे जबकि गोखले का प्रयत्न था कि विद्यार्थी कवि के हृदय तक पहुंचे।

फर्ग्युसन कॉलेज मे. अध्यापन करते हुए उन्ह.. साउदेकृत 'लाइफ ऑफ नेल्सन' पढ़ानी पड़ी। समुद्र, जहाजा., बन्दरगाहा. और समुद्री जीवन से सर्वदा अनभिज्ञ भारतीय छात्रा. को यह पुस्तक पढ़ाना उतना आसान नहीं था। गोखले अपना काम कितना निष्ठापूर्वक करते थे। वह इस बात से ही सिद्ध होता है केवल इस पुस्तक को पढ़ाने के लिए ही गोपालकृष्ण गोखले ने बम्बई जाकर वहां के समुद्र, जहाज, घाटा. नौपरिवहन के शब्दा. की पूरी जानकारी हासिल की। पर इसके बावजूद यही कहा जा सकता है कि एक उच्च कोटि का विद्वान सफल अध्यापक नहीं हो सकता और एक सफल अध्यापक बनने के लिए उच्चकोटि का विद्वान होना आवश्यक नहीं है।

शिक्षण व अध्यवसाय के प्रथम वर्ष मे. ही गोखले ने अंग्रेजी भाषा पर अपना पुरा अधिकार जमा लिया। श्रेष्ठतम अंग्रेजी लेखका. की कई कृतियां अपनी असाधारण स्मरण शक्ति के आधार पर कण्ठस्थ कर लीं। उन्हा.ने अंग्रेजी साहित्य के गौरवशाली ग्रन्था. मे. मिल्टन का-'पेराडाइज लास्ट', बर्क ग्लैडस्टन, जान ब्रॉइट जैसे वक्ताआ. व सांसदा. के भाषण अक्षरसः याद कर लिए थे। जिन्ह. बिना भूल किए वह पूरा का पूरा दोहरा देते। अंग्रेजी के दैनिक पत्रों के सम्पादकीय को भी वह अच्छी तरह याद कर लेते थे। जिन्ह. अपने विद्यार्थियों को सामान्य ज्ञान कि शिक्षा देने के लिए इस्तेमाल करते थे।

फर्ग्युसन कॉलेज अच्छी परम्परा कायम कर रहा था। विद्यार्थी कॉलेज की ओर पूरी तरह आकर्षित हो चुके थे। अच्छे-से-अच्छे स्तर के प्रोफेसर वहां अध्यापन करते थे। गोखले कि आकांक्षा थी कि उन सबसे उत्कृष्ट सिद्ध हा. व अपने को विशिष्ट बनाने के लिए उन्हा.ने अथक परिश्रम किया। इतने उज्ज्वल नक्षत्रा. के प्रकाश मे. पिछड़े रह जाना सचमुच दुर्भाग्यपूर्ण था।

युवा गोपालकृष्ण गोखले ने आत्म-निरीक्षण का जो तरीका अपनाया वह बड़ा ही उपयोगी सिद्ध हुआ। साहित्य व उदावाद के महान व्यक्तियों का अध्ययन व विश्लेषण शक्ति आगे चलकर, एक विधायक राजनीतिक के रूप मे. उनके बड़े काम आई।

न्यू इंग्लिश स्कूल मे. गोखले अंग्रेजी के अतिरिक्त गणित तथा अन्य दूसरे विषय भी पढ़ाते थे। 1886-87 मे. अंकगणित पढ़ाते समय गोखले के मन मे. इस विषय की एक आधुनिक पुस्तक तैयार करने का

विचार आया। जिसे उन्हा.ने चन्द दिना. बाद ही क्रियान्वित किया।

इस समय फर्ग्युसन कॉलेज के अध्यापक को न्यू इंग्लिश स्कूल मे. पढ़ाने को कहा जाता था। उसी समय गोपालकृष्ण गोखले की जान पहचान एन० जे० बापट से हुई जो गणित के बहुत अच्छे अध्यापक थे। जिनकी सहायता से यह पुस्तक तैयार हुई। गोखले ने यह पुस्तक प्रकाशन से पूर्व तिलक को दिखलाई जिन्ह. यह पुस्तक अच्छी लगी।

जिस कारण पुस्तक प्रकाशित होने से पूर्व न्यू इंग्लिश स्कूल मे. पढ़ाई जाने लगी। पुस्तक प्रकाशित होते ही शिक्षा जगत मे. लोकप्रिय हो गई। अनेक स्कूला. के पाठ्यक्रम मे. लग गई। इस पुस्तक के अनेक संस्करण प्रकाशित हुए जिनकी बहुत ही शीघ्र बिक्री हो जाती। गोखले के जीवन मे. यह पुस्तक एक वरदान सिद्ध हुई। कहते है गोखले को सौ साल पूर्व प्रति वर्ष इस पुस्तक से डेढ़-दो हजार रुपये कि रॉयल्टी मिल जाती थी जो निश्चित ही चमत्कार कहा जाएगा। प्रारम्भ मे. यह पुस्तक अंग्रेजी भाषा मे. थी। पर बाद मे. इसकी उपयोगिता व लोकप्रियता देखकर इस पुस्तक का अनेक भाषाआ. मे. अनुवाद हुआ।

इस पुस्तक की बदौलत गोखले का जीवन काफी हद तक व्यवस्थित हो गया। परन्तु जिस सोसायटी के गोखले आजीवन सदस्य बन गये वह अव्यवस्थित थी। जिस कारण गोखले को आजीवन सदस्य बनते ही अनेक कठिनाइया. का सामना करना पड़ा। इस समिति की धारा, उपधाराआ., प्रतिधाराआ. से परिचित हो जाना आवश्यक है। उन्हा.ने इस अग्रणी संस्था को बुरी तरह झकझोर दिया था जिसका प्रभाव महाराष्ट्र के सामाजिक जीवन पर पड़ा था।

17 मार्च 1882 को स्कूल के संस्थापक विष्णुशास्त्री चिपलूणकर की 32 साल की आयु मे. मृत्यु हो गई। जुलाई 1882 मे. आगरकर व तिलक को मानहानी के मुकदमे मे. चार-चार माह का कारावास मिला, जो कोल्हापुर के दीवान ने उनके विरुद्ध चलाया था।

24 अक्टूबर 1884 को दक्कन एजुकेशन सोसायटी बनी। 22 जनवरी, 1885 को फर्ग्युसन कॉलेज का उद्घाटन हुआ। 14 अक्टूबर 1890 को तिलक ने सोसायटी के आजीवन सदस्यता से त्याग पत्र दे दिया। दक्कन एजुकेशन सोसायटी के इतिहास की यह बड़ी महत्वपूर्ण तिथियां है। इसका कारण यह है कि गोखले व तिलक इस सोसायटी से बुरी तरह प्रतिबद्ध हो गये थे। वे दोना. ही आगे ख्याति प्राप्त नेता बने। हमारे देश के भाग्य निर्माता बने। परन्तु उन दोना. के बीच कुछ आधारभूत मतभेद थे। जो उनके सम्बन्ध स्थापित होने के कुछ दिन बाद ही सामने आने लगे।

तिलक और आगरकर को उनके छात्र जीवन मे. काफी अभिन्न मित्र समझा जाता था। देश मे. स्वाधिनता-संग्राम मे. वे अग्रणी थे। यह अवश्य है कि आगरकर सामाजिक सुधार पर भी राजनैतिक परिवर्तन के समान ही जोर देते थे। उधर सामाजिक परिवर्तन के विरोधी ना होते हुए भी तिलक समझते थे कि राजनीतिक स्वाधीनता, सामाजिक सुधार से पहले है। इन दोना. मित्रा. ने 'केसरी' और 'मराठा' का प्रकाशन किया। केसरी का कार्यभार तिलक पर था और 'मराठा' का आगरकर पर। अनेक अवसरा. पर इन दोना. साप्ताहिका. मे. परस्पर विरोधी विचार प्रकट हुए। दोना. मित्रा. के बीच मतभेद बढ़ते गए जो सम्पादकों पर भी प्रकट हो गए।

मतभेद का कारण यह भी था कि दोना. ही महानुभावा. के ऊपर 'जैसुएट सम्प्रदाय' द्वारा निर्धारित त्याग, कष्ट सहने के तथा अन्य सिद्धांतों के पालन का आग्रह करते थे। परन्तु उन सिद्धांतों के पालन के सम्बन्ध मे. दोना. मे. मतभेद प्रारम्भ हो गए थे।

आदर्श और व्यवहार के बीच समुचित संतुलन कायम करना अत्यंत आवश्यक हो गया था। तिलक ने 1890 मे. त्याग पत्र देते समय इस स्थिति का समुचित विश्लेषण किया। उन्हा.ने लिखा कि-समझौते के लिए उनके द्वारा अनेक सुझाव दिये जाने पर भी मतभेद दूर होने का कोई मार्ग नहीं निकल पाया। विवाद आय और वेतन पर था। क्या किसी सोसायटी के आजीवन सदस्य को सोसायटी के बाहर इस तरह रुपया कमाने और अपनी शक्ति का नाश करने दिया जा सकता है। क्या इस तरह बाहर काम करके अध्यापक के अध्यापन पर दुष्प्रभाव नहीं पड़ेगा। इन सभी प्रश्ना. ने सोसायटी के कार्य को अवरुद्ध कर दिया।

तिलक का मानना था कि वह अध्यापका. से संन्यासी होने की अपेक्षा नहीं करते थे। अध्यापका. को उस समय 75 रुपये मासिक व बोनस के रूप मे. सलाना चार सौ रुपये दिये जाते थे। इसके अलावा 3000 रुपये की जीवन बीमा पॉलिसी लेने की सुविधा प्राप्त थी।

आजीवन सदस्य को जीवन-पर्यत्न वेतन मिलने की व्यवस्था थी। यह सब सुविधाएं उस समय की आर्थिक स्थिति के अनुसार आकर्षक लगती हैं। पर समान वेतन के कारण ही सभी अध्यापकों मे. मतभेद पनपा था। इस पर तिलक का मानना था सभी का एक ही लक्ष्य था। इसलिए वेतन भी एक समान था। इस कारण ना तो असमान वेतन होना चाहिए और ना ही आपस मे. अलगाव ही होना चाहिए।

पर यह गलतफहमियां बढ़ती गई और तिलक को त्यागपत्र देना पड़ा।

अपने त्यागपत्र मे. तिलक ने लिखा–"इन कठिनाइया. पर विजय पाने का एक ही तरीका शेष है–या तो बाहरी काम पर बिल्कुल ही रोक लगा दी जाए या यह नियम बना दिया जाए कि इस तरह कि आय या लाभ, एक साक्षी निधि के रूप मे. जमा कर दिया जाए।"

नये सदस्या. के लिए तिलक ने लिख कि–"ऐसा लगता है कि वे पूना मे. अपना कार्य आरम्भ करने वाला. के लिए आजीवन सदस्यता को एक अच्छा आरम्भिक कार्य समझते हैं और यदि किसी व्यक्ति मे. उत्साह व इच्छा हो तो वह अपना लक्ष्य बना सकता है।"

इसके बाद तिलक को वैरागी कहा जाने लगा, उनकी उदासीनता को आत्मप्रशंसा का आवरण कहा जाने लगा। जिसका प्रभाव तिलक पर यही पड़ा कि वह त्यागपत्र दे द. और उन्हा.ने यह किया भी।

तिलक के त्यागपत्र की सम्भावित घटनाओं मे. एक अन्य घटना का भी उल्लेख आता है... उस समय गोखले ने एक सार्वजनिक सभा का मंत्रीपद स्वीकार कर लिया था। 25 जुलाई को तिलक ने दक्कन एजुकेशन सोसायटी कि प्रबन्ध समिति की बैठक बुलाई जिसमे. उन्हा.ने कहा, "मैं मानता हूं कि श्री गोखले को एक सीमा तक अपनी आय बढ़ाने के लिए, निजी तौर पर काम करने की छूट है। मेरा विचार यह है कि हमे. यदा-कदा निजी काम करने और किसी दूसरी जगह स्थाई नौकरी व जिम्मेदारी सम्हालने के बीच अन्तर मानना चाहिए। मैं समझता हू कि यह स्थिति हमारे लक्ष्य के विपरीत है व हमारे पूर्व निश्चय के भी प्रतिकूल है जिसके कारण हम यहां एकत्रित हैं।"

इस बैठक मे. ही तिलक ने गोखले द्वारा सार्वजनिक संस्था का मंत्रीपद सम्भालने की स्वीकृति का तीव्र विरोध किया। इस प्रस्ताव के पक्ष मे. पांच व्यक्तियों ने मत प्रकट किया और विपक्ष मे. चार ने। आगरकर व गोखले अल्पसंख्यका. मे. रह गए। इसी बैठक मे. एक दूसरा प्रस्ताव 4 के मुकाबले 5 मता. से पास हो गया। जिसमे. गोखले कि स्वीकृति का अनुमोदन किया गया था। पाटणकर जिन्हा.ने पहले तिलक का साथ दिया था अब गोखले के साथ हो गये। इस प्रकार अब विचित्र स्थिति हो गई। गोखले मंत्री पद स्वीकार करने के लिए भी स्वतंत्र थे व अस्वीकार करने के लिए भी।

14 अक्टूबर के दिन दोबारा बैठक हुई। इस बैठक मे. प्रोफेसर केलकर ने गोखले के मंत्री पद स्वीकार करने के विरोध मे. प्रस्ताव रखा। केलकर का यह प्रस्ताव तीन के मुकाबले छः मतों से पास हो गया। इस प्रस्ताव के पास होने पर आगरकर ने यह प्रस्ताव रखा कि यह प्रस्ताव

आगरकर सहित सभी व्यक्तिया. पर लागू होगा। इस पर मतदान हुआ जो अस्पष्ट रहा। तिलक, आगरकर, नामजोशी, आप्टे पर यह प्रस्ताव लागू होता था। इस तरह मूल प्रस्ताव का प्रभाव तिलक पर भी पड़ा जिसके कारण उन्हा.ने त्यागपत्र दे दिया। सोसायटी मे. पड़े मतभेद अब स्पष्ट रूप से सामने आ गये थे। गोखले पहले ही मंत्री पद सम्भाल चुके थे। अब सोसायटी मे. रहना न रहना उनकी इच्छा पर निर्भर करता था।

तिलक के त्यागपत्र के बाद उस दिन उस बैठक मे. गोखले ने प्रस्ताव रखा कि अगर उनके द्वारा सोसायटी की आजीवन सदस्यता से त्याग पत्र देने पर तिलक उसमे. बने रहते हैं तो वह इसके लिए तैयार है। पर तिलक के त्यागपत्र का कारण गोखले का सोसायटी मे. रहना या ना रहना नहीं था। इस कारण यह प्रस्ताव अस्वीकार हो गया। तिलक के साथ पाटणकर ने भी इस सोसायटी से त्यागपत्र दे दिया। यह उस संस्था के दुखद अन्त का एक पहलू है। जिसकी स्थापना जन सामान्य को त्याग, कष्ट सहन करने के पाठ पढ़ाने के लिए की गई थी।

दक्कन एजुकेशन सोसायटी अपना काम करती रही। ऐसी अनेक शिक्षा-संस्थाओं को जन्म इस सोसायटी ने दिया जिनका भविष्य उज्ज्वल था। जिनके सदस्यों ने त्याग, बलिदान से संस्था को जिलाये रखा। इस संस्था के सदस्या. ने बड़े ही संयम से संस्था को सरकार के टकराव से बचाए रखा और साथ-साथ अपनी आपसी टकराव से बचे रहे।

गोखले और तिलक दोना. ही महापुरुष थे, जिन्ह. सोसायटी से अधिक विस्तृत क्षेत्र मे. कार्य करना था। कई सालों बाद गोखले ने 'सर्वेंट ऑफ इंडिया सोसायटी' के स्थापना की, जिसके सदस्य संस्था के बाहर कोई भी कार्य नहीं कर सकते थे। निर्धारित आय से ज्यादा जो कमाते वह सोसायटी के कोष मे. जमा हो जाता। इस संस्था की स्थापना गोखले ने की थी। जिसमे. जैसुइट सम्प्रदाय के सिद्धातों के अनुसार सबके लाभ के लिए त्याग के सिद्धांत को माना जाता था। वह दक्कन एजूकेशन सोसायटी मे. इस सिद्धांत का पालन पूरी तरह नहीं कर पाए थे।

तिलक ने ऐसी किसी अन्य संस्था का निर्माण दोबारा नहीं किया। परन्तु 'केसरी' व 'मराठा' की ओर अनेक त्यागी पुरुष अपने आप ही आकर्षित होते रह., जो अपने क्षेत्र मे. बहुत महान थे। तिलक इन संस्थाओं के मालिक थे जो सदा आर्थिक घाटे मे. चल रही थीं और समुचित वेतन तक नहीं दे पाती थीं। वहां बाहर से कमाए गए धन को जमा करने का सिद्धांत भी नहीं बना इसके विपरीत यह संस्था फलती-फूलती रही। इसके सदस्य संस्था मे. और बाहर प्रतिष्ठा प्राप्त करते रह.।

सफल शिक्षा शास्त्री

लोकमान्य बालगंगाधर तिलक और उनके दो अन्य सहयोगी के अलग हो जाने के बावजूद भी न्यू इंग्लिश स्कूल और दक्कन एजूकेशन सोसायटी के काम काज मे. कोई बदलाव नहीं आया था। इन संस्थाआ. से संबद्ध लोगा. मे. कोई तालमेल अवश्य नहीं था। वे सभी लोग गुटबंदी का शिकार हो गए थे, जिस कारण आपस मे. एक दूसरे पर छीटा कसी करते रहते।

स्कूल के संबद्ध मे. छात्र भी इस गुटबंदी का शिकार बन गए। जिस कारण गोपालकृष्ण गोखले पर अतिरिक्त मानसिक दबाव पड़ने लगा। इसके विपरीत तिलक ने अलग से कोई अपनी संस्था नहीं बनाई। कुछ समय तक वह फर्ग्युसन कॉलेज मे. पढ़ाते रहे। पर ऐसा ज्यादा लम्बे समय तक नहीं चल सका। उन्हा.ने कुछ दिन बाद सोसायटी भी छोड़ दी। इसके बाद वह दोबारा कभी अतिथि के रूप मे. भी सोसायटी मे. नहीं गए।

यह बात मानने मे. कोई मुगालता नहीं है कि सोसायटी का वह पुराना रूप दोबारा देखने को नहीं मिला। हालांकि सोसायटी को श्री आर०पी० परांजपे और रा०डी० रानाडे जैसे अत्यन्त प्रबुद्ध विद्धानों का सहयोग मिला, जिनका संबंध सोसायटी के साथ बहुत महत्वपूर्ण था।

इन विशेषताओं के कारण दक्कन एजुकेशन सोसायटी फूलती-फलती रही। इनसे महाराष्ट्र के सभी क्षेत्रा. से हजारा. नवयुवका. व नवयुवतियों को शिक्षित किया जिन्हा.ने देश-सेवा मे. अपना प्राणों कि बाजी लगा दी। स्थिति यहां तक हो गई कि महाराष्ट्र के सभी क्षेत्रों के अग्रणी व्यक्ति इस सोसायटी से सम्बन्धित थे। इस संस्था द्वारा स्थापित स्कूल को आधार मानकर महाराष्ट्र मे. सैकड़ा. स्कूल, कॉलेज खोल डाले गए, जिनसे पढ़कर

निकले युवक देश-सेवा मे. आगे आए। इस आधार पर, इस विषय मे. कोई दो राय नहीं है कि यह संस्था अपने मूल उद्देश्य पर खरी साबित हुई।

तिलक के चले जाने के बाद, गोपालकृष्ण गोखले न्यू इंग्लिश स्कूल मे. अंग्रेजी के अलावा गणित और इतिहास व अर्थशास्त्र पढ़ाने लगे। कहा जाता है कि गोखले, नये विषया. के पढ़ाने मे. अधिक पारंगत नहीं थे। उनके सहयोगी परांजपे के अनुसार, "वह बहुत विधिनिष्ठ थे, सरल रूप से पढ़ाने कि उन्हा.ने कभी अपेक्षा नहीं कि थी। सभी संदर्भों, खासकर ऐतिहासिक संदर्भों की वह पूरी-पूरी व्याख्या करते थे। परन्तु उनका उद्देश्य किसी ऐसे विधार्थी मे. साहित्य का प्रेम पैदा करना नहीं था जिसमे. वह अंश मात्र भी मौजूद नहीं हो। यह कहा जा सकता है कि उनका शिक्षण, प्रोफेसर केलकर कि तुलना मे., औसत विधार्थिया. के लिए अधिक उपयोगी था।"

गोखले के एक छात्र प्रोफेसर टी० के० शाहानी के अनुसार ''मैं यह कह सकता हूं कि 1901 मे. बर्क कृत, 'दि फ्रेंच रिव्योल्यूशन' से संबद्ध उनका भाषण एक ऐसी दिमागी गिजा थी जो वहां उपस्थित वामना. के स्थान पर देव समाज के लिए कहीं उपयुक्त थी। उस राजनीति-दर्शन-वेत्ता का प्रत्येक विचार ऐसे दृष्टान्ता. का प्रवाह साथ लेकर, उनकी मधुर वाणी द्वारा प्रकट होता था जो नागरिका. के दैनन्दिन जीवन से लिये गए होते थे, ताकि मन्द बुद्धि बालक के भी मन पर-पुस्तक के मूल आशय का चित्र उभर आए।"

यह प्रशंसा भिन्न जरूर लग रही है पर असत्य नहीं है क्योंकि परांजपे का संबंध साहित्य से है और शाहानी की सम्मति इतिहास के संबंध मे. है। परांजपे उनके अध्यापन के काल के पहले दौर के शिष्य थे और शाहानी दूसरे दौर के। दोना. ही शिष्य इस बात से सहमत हैं कि गोखले का लेक्चर सामान्य व मंद बुद्धि दोना. ही विद्यार्थिया. के लिए उपयोगी था। जो एक शिक्षक का सबसे बड़ा गुण ही कहा जाएगा। इस तरह यह कहा जा सकता है कि वह एक असफल अध्यापक नहीं थे। भले हो उनका जन्म एक सफल अध्यापक के रूप मे. ना हुआ हो। पर उन्हा.ने अपने आप को एक सफल अध्यापक के रूप मे. ढालने की पूरी कोशिश की थी।

गोखले पूरे 15 वर्ष सोसायटी मे. रहे। इस दौरान उन्हा.ने पढ़ाने के अलावा, 'मराठा' मे. लेख लिखे। 'केसरी' के लिए समाचारा. का संग्रह किया और समाचार सम्पादन का काम भी किया। आगरकर ने जब 'सुधारक' नामक पत्र निकाला तभी तब भी - गोखले उसके अंग्रेजी भाग के इंचार्ज थे। गोखले के कुछ लेखा. की उस समय बहुत प्रशंसा भी हुई परन्तु उनका जीवन पत्रकार बनकर रह जाने के लिए नहीं था।

1886-87 मे. गोपालकृष्ण गोखले ने 'जनरल वार इन यूरोप' नामक लेख लिखा जो बहुचर्चित हुआ। उस समय के बम्बई राज्य के गवर्नर वार्ड रेई द्वारा पक्षपातपूर्ण नीति अपनाने पर उन्हा.ने 'शेम-शेम वाई लाडे शेम' नामक लेख लिखा जो तीखा होने पर भी लार्ड वाई रेई को बहुत पसन्द आया। वह उस पत्रिका के आजीवन सदस्य बन गये।

उन दिना. राजनीति और पत्रकारिता का चोली-दामन का साथ माना जाता था। प्रत्येक राजनेता अपने समर्थन के लिए किसी ना किसी, पत्र, पत्रिका को अपना लेता था अथवा अपने विचारा. को अधिक प्रचारित करने के लिए किसी पत्रिका का मालिक बन जाता था। गोखले व रानाडे के बीच संबंध स्थापित होने के समय रानाडे एक त्रैमासिक पत्रिका के सम्पादक थे।

गोखले के सामाजिक जीवन का असर उनके निजी जीवन पर कदापि नहीं पड़ा। वह अपने भतीजा. को शिक्षित करने मे. लगे रहे। गोखले का विवाह 14 वर्ष की अल्प आयु मे. हो गया था। उनकी पत्नी श्वेत कुष्ठ से पीड़ित थी। गोपालकृष्ण गोखले के बड़े भाई और भाभी ने उनको प्रतिष्ठा पाते देखकर एक बार कहा, वह अपना दूसरा विवाह कर ले। पत्नी को छोड़ा ना जाए और पत्नी की सहर्ष अनुमति हो तभी गोखले दूसरा विवाह करने को सहमत हुए। पहली पत्नी की अनुमति से गोपालकृष्ण गोखले ने दूसरा विवाह कर लिया जो कि सन् 1900 मे. सम्पन्न हुआ।

गोपालकृष्ण गोखले का विवाहित जीवन दूसरी बार भी सुखद नहीं रहा, चन्द वर्ष बाद उसकी दूसरी पत्नी स्वर्गवासी हो गईं। उनका एक छोटा पुत्र था जो चन्द दिन ही जिन्दा रहा। 34 वर्ष की अल्प आयु मे. गोखले शोकमग्न हो गये। काशीबाई व गोईबाई नाम की उनकी दो पुत्रियां भी हुई। जिन्ह. उन्हा.ने भली प्रकार शिक्षित किया।

सामाजिक सुधार के प्रबल समर्थन के बावजूद भी गोखले समाज सुधार मे. स्वयं काफी पिछे रहे। एक पत्नी के जीवित रहते हुए उन्हा.ने जो दूसरा विवाह किया था। उससे उनके हृदय पर बहुत बोझ पड़ा। जिससे वह समाजसुधारक के रूप मे. खुद को बहुत आयोग्य समझने लगे। उनको यह लगता कि जिस बात पर स्वयं आचरण नहीं किया उसका उपदेश देना व्यर्थ है। इस कारण समाजसुधार मे. अपनी दिलचस्पी होने के बावजूद गोखले इससे दूर हट गए।

यही स्थिति उनके मित्र रानाडे कि हुई जिन्हा.ने अपनी पत्नी कि मृत्यु के बाद एक कम उम्र की नवयुवती से विवाह कर लिया था। जिस कारण उन्ह.. कटु आलोचना का शिकार होना पड़ा।

गोखले बहुत अच्छे खिलाड़ी थे। 1887 से 1890 तक क्रिकेट खेलते रहे। क्रिकेट खिलाड़ी के रूप मे. उन्हा.ने कोई बहुत ज्यादा ख्याति नहीं पाई। कभी-कभी टेनिस व विलियर्ड भी खेलते थे। जीवन के अन्त तक वह ताश व शतरंज खेलते रहे।

इसके आलावा गोखले कि अभिरुचि नाटका. की ओर भी थी। उन दिना. नाटक भी सामाजिक व राजनीतिक प्रचार के अच्छे साधन थे। जो बात सरकार के डर से भाषण मे. नहीं कही जा सकती थी उसे नाटक मे. कहना ज्यादा आसान था। इसके आलावा नाटक मे. समाज की बुराइया. पर भी चोट की जा सकती थी।

गोखले द्वारा सामाजिक सुधारा. पर दिये गए भाषण जनता को ज्यादा आकर्षित नहीं कर सके। वह अधिक आशावादी नहीं थे और ना ही जनता को आकर्षित करने मे. अधिक सफल सिद्ध हुए। जबकि उनके भाषण अधिक तथ्यात्मक तथा आकड़ा. से भरे होते थे।

सन् 1895 के लगभग गोपालकृष्ण गोखले दक्कन एजुकेशन के वरिष्ठ सदस्य बन गये थे, तब तक उनके वरिष्ठ सहयोगी या तो सोसायटी छोड़ गये थे या संसार ही छोड़ गये थे। तभी गोखले के सहयोगी उन पर यह दबाव डालने लगे कि वह फर्ग्युसन कॉलेज का प्रचार पद संभाल ल.। पर गोपालकृष्ण गोखले ने उस पद को विन्रमता पूर्वक अस्वीकार कर दिया। इसका कारण यह था कि उनकी सामाजिक गतिविधियां काफी बढ़ गई थी। अत: एक नया दायित्व सम्भालना नैतिक रूप से ठीक नहीं था। वह प्रीसिंपल पद के लिए आवश्यक समय दे नहीं सकते थे। पर फर्ग्युसन कॉलेज का प्रधानाचार्य पद अस्वीकार कर भी गोखले फर्ग्युसन कॉलेज अधिपति बन गए। वहां सारा कार्य उनके सलाह से होता। गोपालकृष्ण गोखले ने कुछ समय ही दक्कन एजूकेशन सोसायटी के मंत्रीपद पर कार्य किया था। यह पद कठिन कार्यों से जुड़ा था पर गोखले यहां भी सफल सिद्ध हुए। धन संग्रह के लिए उन्ह.. धनवाना. के घर की खाक छाननी पड़ती। जो उन दिना. सबसे कठिन कार्य समझा जाता था। क्योंकि उन दिनों सारे धनवान सत्ता पर टिके हुए थे। कोई संस्था चाहे कितना अच्छा कार्य कर रही हो, उसका उद्देश्य भले ही कितना अच्छा हो, सरकार पर अगर उसकी कोप दृष्टि हो तो कोई धनवान धन नहीं देता था। अत: मंत्री को अपनी एक आंख सरकार पर रखनी होती थी। दूसरी आंख धनवाना. पर जिससे संस्था को अर्थिक सहायता मिलती थी। इसके अलावा सोसायटी के सदस्या. को अपने विद्यार्थिया. व सरकार की भी आशंकाआ. का सामना करना पड़ता था।

सोसायटी मे. जो परिवर्तन आए उनमे. सबसे प्रमुख यह था कि न्यू इंग्लिश स्कूल के संस्थापक चिपलूणकर कहा करते थे कि वह कभी किसी अंग्रेज को यहां प्रवेश नहीं लेने द.गे। पर उनके देहान्त के चार साल बाद ही कॉलेज का नाम बदल कर एक अंग्रेज गवर्नर के नाम पर रख दिया गया। कुछ समय बाद ही एक अन्य अंग्रेज को अध्यापक वर्ग मे. रखने का ऑफर दिया गया, जो अंग्रेज द्वारा दिये जाने पर टला। कुछ समय बाद एक अंग्रेज प्रिंसिपल सेल्बी को दक्कन एजूकेशन सोसायटी का अध्यक्ष चुन लिया गया। गोखले इस स्थिति से अप्रसन्न थे पर जानते थे कि संस्था को जिंदा रखने के लिए यह अति आवश्यक है। इस तरह दक्कन एजुकेशन सोसायटी को आर्थिक अनुदान भी मिला।

गोखले का चरित्र व स्वभाव खरा था जिस कारण उनके मन मे. किसी प्रकार की दुर्भावना नहीं थी। दूसरा. को सन्तुष्ट करने की क्षमता व ओजस्वी वाणी, आचार-व्यवहार व संस्था संचालन के कारण उन्ह.. अपने कठिन उत्तरदायित्व को निबाहने की शक्ति मिली। जिसके कारण वह कॉलेज की अपनी इमारत व छात्रावास के निर्माण के लिए धन संग्रह मे. सफल सिद्ध हुए जो कि एक असाधारण उपलब्धि कही जाएगी।

बम्बई विश्वविद्यालय की सीनेट के वह कई साल तक सक्रिय सदस्य रहे। गोपालकृष्ण गोखले का यह मानना था कि सीनेट के काम-काज मे. राजनीतिक दखल नहीं होना चाहिए। वह सीनेट के मनोनीत सदस्यों से भी यही अपील करते रहे। पर सरकार ने इस सिद्धांत को स्वीकार करते हुए भी हमेशा शिक्षा को राजनीति के अधीन ही रखा।

इसी प्रकार अंग्रेज सरकार ने बम्बई राज्य मे. बंगभंग के बाद का इतिहास डिग्री पाठ्यक्रम से अलग कर दिया। सरकार का यह तर्क था कि इंग्लैंड मे. डिग्री कोर्स मे. वहां के इतिहास को अनिवार्य पाठ्यक्रम मे. नहीं रखा है। इसलिए हिन्दुस्तान मे. भी इसी सिद्धांत को स्वीकार किया जाना चाहिए।

गोपालकृष्ण गोखले ने इस सिद्धांत का तीव्र विरोध किया। उनका तर्क था कि जब कलकत्ता विश्वविद्यालय मे. जहां इतिहास अनिवार्य विषय नहीं है, इतिहास के शिक्षण मे. किसी राजनीतिक स्थिति के कारण कोई व्यवधान नहीं है तो बम्बई विश्वविद्यालय के साथ यह पक्षपात क्या.।

इस संबंध मे. जन शिक्षा निदेशक शार्प ने विभिन्न कॉलेजा. से विचार-विमर्श किया कि इतिहास की शिक्षा अनिवार्य विषय के रूप मे. दी जाए या नहीं। यह कोई अच्छा कदम नहीं कहा जा सकता है। गोखले ने सरकार का शिक्षा के क्षेत्र मे. इस तरह का हस्तक्षेप शुरू से अन्त तक अस्वीकार किया। पूरी शक्ति लगा दी और सरकार को झुकाने मे. सफल सिद्ध हुए।

राजनीतिक शिक्षा

गोखले जब दक्कन एजूकेशन सोसायटी के सदस्य बने तो वह मात्र उन्नीस साल के थे और जब मंत्री पद पर आये तब उनकी आयु केवल 22 वर्ष की थी। इन तीन सालों के अल्प समय मे. ही गोपालकृष्ण गोखले बहुत परिपक्व हो चुके थे। इसका कारण उनके विद्वान और दृढ़ निश्चय वाले सहभागी भी थे। परन्तु इसका सबसे अधिक श्रेष्ठ जस्टिस रानाडे को दिया जाता है जिन्ह. महामानव कहा जाता है। सच्चाई यही है कि रानाडे ने उन्ह.. वह मार्ग दिखलाया जिस पर वह खुद चलना चाहते थे। वह बनाया उन्ह.. जो बनाना था। इस तथ्य को गोखले ने भी कई बार स्वीकार किया है।

जस्टिस रानाडे शौर्य और ओज मे. ढले ऐसे व्यक्ति थे जिन्ह. इतिहास निर्माता बनने का गौरव प्राप्त है। वह, यानी रानाडे भारतीय राष्ट्रीय कांग्रेस के संस्थापकों मे. से एक थे। महाराष्ट्र की अनेक संस्थाआ. के वह जन्मदाता थे। उनकी अपनी जीवन-यात्रा अर्थशास्त्र के अध्यापक के रूप मे. आरम्भ हुई। परन्तु शीघ्र ही वह कानून की ओर बढ़े जहां कुछ साल बाद वह उच्च न्यायालय के न्यायाधीश पद पर जा पहुंचे। लोगा. पर उनका जादू जैसा प्रभाव था। इसका कारण न्याय क्षेत्र मे. उनकी उच्च स्थिति नहीं बल्कि उनका देश-प्रेम था।

कई वर्ष बाद सन् 1942 मे. बम्बई मे. 'भारत छोड़ो' आन्दोलन के समय महात्मा गांधी ने रानाडे को सरकार का आदर्श सेवक ठहराया। रानाडे ने सरकार की सेवा जरूर की, पर उसकी गुलामी नहीं की और महात्मा गांधी चाहते थे कि हर राज्य कर्मचारी रानाडे का ही अनुकरण करे।

रानाडे बड़े ही बुद्धिमान और निर्भीक व्यक्ति थे। वह देश के सच्चे

हितचिंतक थे। ऐसे कई अवसर आये जब सरकार ने उनकी वफादारी पर संदेह किया, उनकी निगरानी के लिए जासूसी तक का सहारा लिया गया। रानाडे क्रांतिकारी ना होकर देश की प्रगति के इच्छुक थे। वास्तव मे. वह संत राजनीतिक या राजनीतिक संत थे।

रानाडे अत्यंत प्रतिभाशाली होने के साथ-साथ रूढ़ीवादी धार्मिक विचारधारा से कोसा. दूर थे। यद्यपि वह प्रार्थना समाज की ओर आकर्षित हो चुके थे। फिर भी अन्य सभी धर्मों का आदर करते थे, भले ही उनमे. उनकी आस्था हो या न हो। अपने परिवार मे. चली आ रही सभी परम्पराआ. का पालन करते थे।

सामाजिक क्षेत्र मे. रानाडे ने बाल-विवाह की प्रथा का सख्त विरोध किया। विधवा विवाह के वह प्रबल सर्मथक थे। ऐसे विवाह समारोहा. मे. वे बढ़-चढ़कर भाग लेते थे। इस कारण उन्ह.. जाति से बहिष्कृत कर दिया गया। इस कारण उनका परिवार भी प्रताड़ित हुआ। आगरकर की भांति रानाडे महाराष्ट्र मे. चली आ रही अनेका. कुप्रथाआ. के सख्त खिलाफ थे। जैसे विधवा नारी का मुंडन, कन्या को अभिशाप समझना व सती प्रथा।

रानाडे सरकार के गलत फैसला. का सख्त विरोध करते। इस संबंध मे. प्राप्त तथ्य आकड़ा. के आधार पर अपनी बात कहते ताकि उन्ह.. तर्क की कसौटी पर कसा जा सके।

गोपालकृष्ण गोखले और रानाडे की प्रथम भ.ट 1885 मे. हीरा बाग मे. उनके स्कूल के एक कार्यक्रम के दौरान हुई। गोखले समारोह-स्थल के बाहर अभ्यागता. के निमंत्रण कार्ड देखकर उनको अन्दर पहुंचा रहे थे। रानाडे अपना कार्ड लाना भूल गये थे जिस कारण गोखले ने उन्ह.. अन्दर नहीं जाने दिया। सभा के मंत्री आनासाहेब साठे ने रानाडे के बीच मे. पड़कर उन्ह.. उनके सुरक्षित स्थान पर पहुंचाया। इस घटना से रानाडे जरा भी नाराज नहीं हुए। जबकि स्वयं गोखले बहुत शर्मिन्दा थे।

कुछ समय बाद जब गोखले फर्ग्युसन कॉलेज मे. नियुक्त होकर आए तो आगरकर के वह स्नेहपात्र बन गए। आगरकर ने ही गोखले का रानाडे से औपचारिक परिचय कराया। रानाडे, गोखले से पहली ही मुलाकात से काफी प्रभावित हुए थे। उनका दोबारा विस्तृत परिचय पाकर उनकी ओर आशक्त हो गए।

बाद मे. गोखले और रानाडे मे. अक्सर मुलाकात होने लगी। दोना. कि मुलाकात. गुरु-शिष्य की भांति थी। 1887 से 1892 तक गोपालकृष्ण गोखले से शिक्षा ग्रहण करते रह.। रानाडे बहुत ही कठोर साधक थे। देश

के राजनैतिक स्तर के लिए अभीष्ट प्रयत्ना. के बारे मे. रानाडे के विचारा. से सब अवगत थे। उनका नियम यह था कि सरकार का हर दस्तावेज ध्यानपूर्वक पढ़ते थे। कोई भी महत्वपूर्ण कागज उनसे बचा हुआ नहीं था। इसके बाद अपनी प्रतिक्रिया वह सरकार को भेजा करते थे। उस समय सरकारी कर्मचारियों का राजनीति मे. भाग लेना वर्जित नहीं था। इसके बावजूद सरकारी अधिकारी रानाडे की टिप्पणिया. को अच्छी दृष्टि से नहीं देखते थे। वह रानाडे को हतोत्साहित करना चाहते थे जबकि रानाडे जानते थे इस तरह ही वह भारतिया. को शासन कार्य के लिए शिक्षित कर सकते थे और अगर वह सरकार से असूला. का युद्ध जारी रखने के पक्षधर थे।

रानाडे के इन क्रियाकलापा. से सरकार ने लाभ नहीं उठाया। पर गोखले ने पूरा-पूरा लाभ उठाया। वे रानाडे के सच्चे उपासक बन गए। गोखले अपने गुरु रानाडे के धार्मिक आचार-विचारा. पर पूरा-पूरा ध्यान देते थे। वह इसका अंधानुकरण नहीं करते थे। बल्कि उनकी अधिक दिलचस्पी 'राजनीतिक अर्थ-व्यवस्था' की ओर थी।

एकाध बार गोपालकृष्ण गोखले ने तत्कालीन सामाजिक समारोहों मे. अवश्य भाग लिया था, जिनमे. पूना की एक घटना उल्लेखनीय है।

पूना की एक ईसाई संस्था ने कुछ विशिष्ट नागरिकों को एक समारोह मे. आमंत्रित किया जिसमे. एक अंग्रेज धर्म प्रचारक का भाषण था। समारोह के अन्त मे. चाय-पान सम्पन्न हुआ था जिसमे. ईसाइयों ने रानाडे, गोखले, तिलक को चाय पेश की। तीना. ही इस स्थिति मे. सोच मे. पड़ गए कि क्या किया जाए। पर सबने चाय के कप हाथ मे. ले लिए, कुछ ने चाय फ.क दी, कुछ ने एक दो घूंट पी ली और कुछ ने चाय हा.ठा. के ऊपर तक ला कर छोड़ दी। मीटिंग समाप्त होने पर, एक आयोजक गोपालराव जोशी जो इस घटना के पीछे थे ने इन सभी सज्जनों के नाम अपने अखबार मे. प्रकाशित कर दिए जिससे सारे हिन्दू समाज मे. बावेला मच गया। एक हिन्दू द्वारा ईसाई के हाथा. चाय-पान के समाचार का पता लगते ही इन सबको जाति से बाहर कर दिए जाने की मांग की जाने लगी।

शंकराचार्य से इस दुष्कार्य का प्रायश्चित पूछा गया। उन्हा.ने इसका प्रायश्चित यही बताया कि किसी गरीब ब्राह्मण को चार आने दान कर प्रायश्चित कर ल.। जिसे सभी ने आसानी से मान लिया। सिवाय गोखले के व उनके अन्य साथियों के जिन्हा.ने इस प्रायश्चित को पूरी तरह अस्वीकार कर दिया।

गोखले ने यह सारी शिक्षा रानाडे से ही ग्रहण की थी। किसी तरह

की छोटी-से-छोटी भूल गोखले को पसन्द नहीं थी। चाहे इस कार्य के लिए उन्ह.. अत्याधिक परिश्रम क्यों ना करना पड़े। वैसे भी गोखले अत्याधिक परिश्रम करते थे। गुरु अप्रसन्न न हो इसलिए रात-रात भर जागकर, योगी-सुलभ अदम्य उत्साह के साथ अध्ययन किया करते थे। रानाडे भी गोखले को जब तक सोने नहीं देते थे जब तक वह निर्धारित काम पूरा ना कर ल.। रानाडे सराहना करने की अपेक्षा ठीक कहने मे. विश्वास करते थे।

रानाडे बहुत संयमित जीवन व संयमित भाषा का उपयोग करते थे। आपसी मित्रों मे. भी वह हास-परिहास, व्यंग कटुक्तिया. के खिलाफ थे। वह भक्ति को तथ्य व आंकड़े से प्रभावित करने में विश्वास करते थे। उनका सिद्धांत था क्षुद्र बने अथवा बनाए। प्रतिद्वन्द्वी को तर्क शक्ति से अपने वश मे. किया जाए।

जबकि गोखले युवा होने के कारण वाद-विवाद से बात को समझाने के कायल थे। रानाडे ने बड़ी कठिनाइया. से उनकी यह आदत छुड़ाई जिसका कालांतर मे. गोपालकृष्ण गोखले को बड़ा लाभ मिला। वह प्रतिद्वंद्वी का आदर करने लगे, विचारों व लेखन मे. शालीन हो गए।

रानाडे के प्रभाव से ही गोखले अपने मार्ग निर्धारण मे. सफल हुए। वह निश्चित कर चुके थे कि अपना सारा जीवन राजनीति और समाज सेवा मे. लगायेंगे। एक सामाजिक कार्यकर्त्ता होने के नाते तो वह कभी सिद्धांतों को लेकर छूट लेंगे और ना ही साधारण प्रशंसा के कारण कभी अपने प्रति झुठे सिद्ध होंगे। गोखले ने सच्चे लोक सेवक के लिए चार सिद्धांत माने थे-(1) सत्य के प्रति अडिगता (2) अपनी भूल स्वीकार करने की तत्परता (3) लक्ष्य निष्ठा (4) नैतिक आदर्शों के प्रति आदर भाव।

रानाडे धर्मपरायण व्यक्ति थे। सुबह ब्रह्ममुहूर्त का कुछ समय प्रार्थना मे. गुजारते थे। सन् 1897 मे. वह और गोखले अमरावती कांग्रेस महाधिवेशन से लौट रहे थे। रेल के डिब्बे मे. उन दोना. के अलावा कोई नहीं था। सवेरे चार बजे जब गोखले की नींद खुली तो उन्हा.ने देखा, रानाडे बैठे हुए संत तुकाराम के 'अभग' गा रहे हैं। उसकी लय के साथ स्वयं तालियां बजा रहे थे। गोखले स्वर लहरी या संगीत से कहीं ज्यादा रानाडे के उत्साह से बहुत प्रभावित हुए। उनका रोम-रोम रोमांचित हो उठा। यह उनके जीवन का सबसे अधिक महत्वपूर्ण क्षण था।

जहां तक गोपालकृष्ण गोखले के संबंद्ध मे. कहा जाता है वह कभी भी बहुत कट्टर धार्मिक व्यक्ति नहीं थे। पर धर्म मे. उनकी गहरी आस्था

थी। श्रीनिवास शास्त्री के अनुसार-"गोखले परमात्मा के सानिध्य मे. अपना जीवन गुजार रहे थे। उससे अधिक उनकी इच्छा ही नहीं थी। 18 फरवरी, 1898 के एक दस्तावेज मे. गोखले ने लिखा था-श्री गुरु दत्तात्रेय की कृपा से, मे. विनम्र किन्तु अडिग भाव से निम्न कार्य पूरा करने की कोशिश करूंगा। (1) नियमित योग साधना (2) प्राचीन इतिहास, प्राचीन व आधुनिक दर्शन, खगोल शास्त्र, भू-विज्ञान, जीव-विज्ञान, मनोविज्ञान फ्रेंच भाषा का अध्ययन करूंगा। (3) बम्बई विधान परिषद् या सुप्रीम विधान परिषद् या ब्रिटिश पार्लियामे.ट का सदस्य बनने का प्रयास करूंगा। (4) मैं उत्कृष्टतम दर्शनमूलक धर्म का पालन प्रचारक बनकर करूंगा।"

श्रीनिवास शास्त्री ने उक्त दस्तावेज को बहुत अतिशयोक्तिपूर्ण माना। पर भाग्य अगर गोखले को कुछ अधिक जीवन देता तो वह सचमुच पुरे विश्व मे. दर्शनमूलक धर्म का प्रचार करने की अपनी इच्छा अवश्य पूरी करते।

यह बात अवश्य आश्चर्यजनक लगती है कि गोखले खगोल व भू-विज्ञान विषयों का अध्ययन क्या. करना चाहते थे। फ्र.च भाषा उस समय अखिल विश्व की भाषा थी इसलिए उसका ज्ञान तो समझ आता है।

शनै:-शनै: गोखले अपनी सारी इच्छाएं पूरी करने मे. समर्थ सिद्ध हुए। जिन्ह. उन्हा.ने अपनी असीम लगन, मेहनत व उत्साह से पूर किया था। परमात्मा के दत्तात्रेय रूप जिसमे. सृजक, पालक और संहारक के तीना. रूप शामिल हैं, के सच्चे उपासक थे।

महात्मा गांधी गोखले के सदचरित्र, सेवा की अदम्य इच्छा, सत्यप्रियता व भौतिक लाभ के प्रति अरुचि जैसे गुणा. का कायल थे जो आसानी से अनुपलब्ध हैं। इसलिए गांधीजी गोखले को श्रेष्ठ मानते थे।

1901 मे. रानाडे का निधन हो गया। गोखले पर यह वज्रप्रहार था। गोखले अपनी सांस तक रानाडे के कृतज्ञ थे। रानाडे की मृत्यु पर उन्हा.ने लिखा है-"राव साहब की मृत्यु के बाद मुझे चारा. ओर अंधेरा छाया लग रहा है। मुझे जो भी प्रतिष्ठा मिलती है उससे मुझे कोई उत्साह नहीं मिलता है। मुझे इस समय कोई भी शुभकामना ऐसी लग रही है जैसे किसी व्यक्ति को अंत्येष्टि से लौटते समय भोज मे. बिठा दिया जा रहा है।"

केसरी मे. प्रकाशित अपने अग्रलेख मे. भी गोपालकृष्ण गोखले ने लिखा-"यदि आज हम महाराष्ट्र मे. उत्साह व प्रतिरोध की एक नई भावना पा रहे हैं, वो इस उद्यम का फल है जो रानाडे ने 25 से अधिक वर्ष महाराष्ट्र मे. अनवरत किया। रानाडे को मिलने वाली सफलता के कारण थे, उनका धैर्य, उनका चातुर्य, संकल्प निष्ठा।"

गोखले का सार्वजनिका जीवन

गोपालकृष्ण गोखले ने अपना राजनीतिक जीवन सार्वजनिक सभा के मंत्री के रूप मे. आरम्भ किया था। दक्कन एजुकेशन सोसायटी के कई सदस्यों जिसमे. तिलक भी एक थे, ने उन्ह. मंत्री बनाने का जबरदस्त विरोध किया था। इसका कारण यह था कि उस समय यह समझा जा रहा था कि इससे काम मे. बाधा पड़ेगी। गोखले ने यह निर्वाचित पद संभालने के बाद यह घोषणा की कि वह मंत्री पद को स्वीकार कर लेंगे पर उस पद से जुड़ा चालीस रुपये वेतन स्वीकार नहीं करेंगे।

गोपालकृष्ण गोखले, रानाडे की देखरेख मे. सार्वजनिक सभा का कार्य देखते रह.। तिलक सिद्धांतत: इस मुद्दे पर विराधी थे पर उनकी बात काट दी गई। जिस कारण राजनीतिक मामलों पर दोना. के बीच गहरी खाई पड़ गई। सोसायटी मे. खाई की जिम्मेदारी किसी एक पर भी डालना अन्याय है। रानाडे इसके पूर्व 1884 मे. कांउसिल के सदस्य थे, पर वह अधिक सक्रिय नहीं थे।

सार्वजनिक सभा, भारतीय राष्ट्रीय कांग्रेस के जन्म से पूर्व जनता की शिकायतें सामने वाली सक्रिय संस्था थी। मद्रास, बम्बई व कलकत्ता मे. भी इस तरह का कार्य करने वाली संस्थाएं थी।

बम्बई मे. सन् 1853 मे. दादा भाई नौरोजी ने इसी तरह की सार्वजनिक संस्था बम्बई एसोसिएशन के नाम से खोली थी। उसके 14 साल बाद पूना मे. 'पूना एशोसिएशन' के नाम से संस्था खुली जो बाद मे. 'सार्वजनिक सभा' के नाम से जानी जाने लगी। इस संस्था का उद्देश्य जनता की आवश्यकताआ. व भावनाआ. की ओर सरकार का ध्यान आकर्षित करना था। सरकार द्वारा प्रतिबंध लगाए जाने के बावजूद सार्वजनिक सभा अपनी कार्य करती रही।

इसके संस्थापक जी० बी० जोशी 'सार्वजनिक काका' के नाम से प्रसिद्ध थे। इसका कारण उनकी अथक सेवा थी। सभा को चलाने वाले, देशी रियासता. के सरदार, सरकारी कर्मचारी थे, पर इसके पीछे रानाडे और जी० बी० जोशी का ही कठोर परिश्रम था जबकि रानाडे सभा के सदस्य भी नहीं थे। सभा का काम बड़ी ही शांति से ज्ञापनों के सहारे चलता। आंदोलन व सीधे धरना, भूख हड़ताल से सभा कोसों दूर थी।

युवा गोपालकृष्ण गोखले सार्वजनिक सभा के मंत्री थे। वह सभा की त्रैमासिक पत्रिका के संपादक भी थे। उनके सम्पादन मे. पत्रिका के कुल 26 अंक निकले जिनमे. 49 लेखा. मे. गोखले के कुल 9 लेख थे। इसका कारण यह था कि पत्रिका के प्रकाशन की सभी कठिनाइयां गोखले को ही भुगतनी पड़ती। पत्रिका अंग्रेजी भाषा मे. थी। इस कारण अंग्रेजी भाषी पाठका. को अभिरुचि की सामग्री रखनी पड़ती जिस कारण पाठका. की संख्या सीमित थी व जो दिन-प्रतिदिन घट रही थी।

बाल गंगाधर तिलक मानते थे कि कर्मण्यता ही जीवन प्राण तत्त्व है। पर उनका व उनके साथियों का मानना था कि अंग्रेजी शासन के जमने के कारण बम्बई व दक्कन मे. राजनीतिकों का नया वर्ग सामने आ रहा था। जिनमे. कुलीन धनवान, नवशिक्षित, राजकर्मचारी जनता के आदरणीय बनते जा रहे थे। जिनका अपना एक अलग गुट बन गया था। जो समान हित चाहता था। सरकार अपनी निश्चित नीति के अनुसार इस वर्ग को विशेष बढ़ावा दे रही थी। जिसके बदले मे. यह वर्ग अंग्रेजी शासका. का गुणगान करते थकते नहीं थे जिसमे. देश पर हो रहा अंग्रेजा. का शासन भी था।

तिलक मानते थे कि भारत की मुक्ति तभी संभव है जब यह वर्ग जो अंग्रेजा. के लाभा. से उनसे चिपका है अलग ना हो जाए। पराई संस्कृति को अपनाने वालों पर उन्ह. कतई भरोसा नहीं था। उन्हा.ने महसूस किया कि अब वह समय आ गया है जब देश को इस तरह के व्यक्तिया. की जरूरत है जो निष्काम भाव से अपने देश की सेवा कर. व उनकी रुचि भारतीय संस्कृति से हो।

तिलक इस कारण ही 'भगवदगीता' के महान भाष्यकार बन गए। वह कार्य की फल प्राप्ति से नि:संग कर्म के आराधक थे। वह उन लोगा. से बिल्कुल असहमत थे जो शासकों की दयालुता या सदासयता के लाभ के इच्छुक थे। इन्ह. वह सरकार का वफादार भी मानते थे। इस वर्ग को शर्मिंदा करने का कोई अवसर नहीं छोड़ते।

सार्वजनिक सभा मे. सबका प्रवेश आसान नहीं था। तिलक ने सार्वजनिक

सभा के संविधानुसार कुछ लोगा. को सदस्य बना लिया। 14 जुलाई 1895 को वार्षिक साधारण सभा मे. पुराने पदाधिकारियों को हटाकर नए पदाधिकारी चुन लिए गए। जो सभा की बहुत समय से सेवा कर रहे थे। तिलक ने, ना तो गोखले को अलग होने को कहा, ना ही वह ऐसा चाहते थे। परन्तु प्रतिकूल परिस्थिति मे. गोपालकृष्ण गोखले व उनके साथी अल्पसंख्यक स्थिति मे. कैसे रह सकते थे। कुछ ही महीने मे. गोखले ने मंत्री पद से त्यागपत्र दे दिया।

पर रानाडे और उनके साथी इस तरह चुप बैठने वाले नहीं थे। 31 अक्टूबर, 1896 को उन सबने दक्कन सभा नामक नई संस्था बना ली जिसके गोखले मंत्री बन गए।

तिलक इस स्थिति मे. क्या करें? यह वह तय नहीं कर पा रहे थे। दक्कन सभा के उद्घोषित लक्ष्य-उद्देश्यों ने उन्ह. और उलझन मे. डाल दिया। दक्कन सभा के अनुसार "संस्था के मूल मंत्र उदारवाद और संयताचार होंगे।" इन शब्दों की शब्दावली तो नई थी पर इनमे. कोई नई बात नहीं थी। 'उदारता वाद' की भावना का मतलब था जाति और सम्प्रदायगत पक्षों से मुक्त होकर सभी के हित की निष्ठा रखना, जिनसे मनुष्यों के बीच न्याय हो सके। ऐसा करते समय एक ओर शासकों के प्रति वफादार भी रहा जाए व दूसरी ओर लोगा. को भी समानता दिला देना। संयताचार का अर्थ था अपने कार्य को ईमानदारी से साथ तफसील से पूरा कार्य करना।

'केसरी' के 10 नवम्बर 1896 के अंक मे. तिलक ने इन उद्देश्यों की कठोर आलोचना की। तिलक के जीवनी लेखक श्री एन० सी० केलकर ने स्वीकार किया कि "रानाडे और गोखले पर किया गया तिलक का यह प्रहार व्यक्तिगत व द्वेषपूर्ण था। इसका कारण था कि तिलक समझते थे कि उदारतावाद और संयताचार को अपने वर्ग की बपौती बनाकर रानाडे सरकार को, दूसरे वर्ग पर से लाभ उठाने का मौका दे रहे थे।

दक्कन-सभा के उद्घाटन के बाद तो यह निश्चित हो गया-रानाडे, तिलक और गोखले एक साथ मिलकर कोई भी कार्य नहीं कर सकते थे। ना ही सोच सकते थे। राजनैतिक कार्य-कलापों मे. रानाडे कभी आगे नहीं आए। परन्तु उनके शिष्य गोखले को आगे चलकर संयताचारी अथवा नरमदल का नेता बनना था।

भारतीय राष्ट्रीय कांग्रेस का वास्तविक विखण्डन 1907 के सूरत अधिवेशन के बाद प्रारम्भ हो गया था। इसके बीज दक्कन एजूकेशन सोसायटी व सार्वजनिक सभा के सत्ता संघर्ष मे. ही प्रारम्भ हो गए थे। दो

पृथक्-पृथक् वर्ग अस्तित्व मे. आ गए थे और संघर्ष का इंतजार कर रहे थे।

तिलक को अतिवादी कहा जाता था। इस शब्द का आशय तभी समझा जा सकता है जब रानाडे के उदारतावाद को अच्छी तरह समझा जाए। रानाडे स्वयं न अतिवाद को, उदारता के विपरीत मे. ग्रहण किया था।

गोखले व रानाडे और उनके साथियों का मानना था कि सामाजिक सुधार के बिना कोई प्रगति सम्भव नहीं है। अर्थात् उदारतावाद समाज सुधार मे. ही निहित है। तिलक इनमे. से कोई भी बात नहीं स्वीकार करते थे। उनकी विचारधारा मे. आंदोलनात्मक पद्धति का समावेश था।

जहां तक तिलक की बात थी वह दक्कन सभा के उद्देश्यों के विरोधी नहीं थे। जाति सम्प्रदायगत पक्षपातों से मुक्ति पाने और कानून की दृष्टि से समानता के वह समर्थक थे। वफादारी के विषय मे. भिन्न विचारा. के बावजूद वह कानून के प्रति असहयोगी रुख अपनाने व राजद्रोह के भी समर्थक नहीं थे। महात्मा गांधी भी इस विचारधारा के कट्टर समर्थक थे।

तिलक संयताचारी ना भी हो पर वह स्वराज्य के आकांक्षी थे जो उनके शब्दों मे. उनका जन्मसिद्ध अधिकार है। सच्चाई यह है कि नरम या गरम दोना. ही दलों के नेताओं मे. कभी गरम और कभी नरम होने का मानवीय गुण था, जो अवसर के अनुकूल रहा था।

तिलक का आधिपत्य हो जाने के बाद रानाडे और गोखले द्वारा स्थापित सभा ज्यादा सक्रिय व प्रभावशाली नहीं रही। सरकार ने इस सभा को मान्यता देना लगभग बन्द कर दिया। बाद मे. सार्वजनिक सभा का सारा काम दक्कन सभा ने संभाल लिया। गोखले को तन-मन से काम करने का अवसर मिल गया। यहां तक कि इंग्लैंड मे. बैल्वी आयोग के सामने भारत का पक्ष प्रस्तुत करने के लिए गोपालकृष्ण गोखले को ही सभा की ओर से इंग्लैड भेजा गया था। सार्वजनिक सभा इस गौरव से वंचित रही। यद्यपि गोखले ने आयोग के समक्ष गवाही देते समय सभा से अपने संबंधों की बात स्वीकार की थी। इसे गोखले की ईमानदारी या महानता ही कहा जाएगा।

पहली सफलता

गोपालकृष्ण गोखले द्वारा इंग्लैंड मे. बैल्वी आयोग के सामने भारत पक्ष रखने की घटना ने, गोखले के राजनीतिक जीवन के मार्ग को प्रशस्त कर दिया। गोखले द्वारा बैल्वी आयोग के सामने एक देश भक्त राजनीतिज्ञ और अर्थशास्त्री के रूप मे. प्रकट होने से बैल्वी आयोग भी इतिहास की स्मरणीय घटना बन गया।

बैल्वी आयोग की स्थापना "सपरिषद-भारत मंत्री अथवा भारत सरकार" के प्राधिकार के अंतर्गत किए गए सैनिक तथा असैनिक व्ययों के प्रशासन और प्रबन्ध के जांच-पड़ताल करने के और ऐसे कामों के लिए प्रकारा. का बंटन करने के लिए की गई, जिनमे. इन दोना. की दिलचस्पी हो।

संक्षेप मे. इस आयोग को भारत तथा ब्रिटेन की सरकारों के बीच प्रभारों के बंटन का काम सौंपा गया था। जान पड़ता था इस मामले मे. भारतीय जनता की कोई भागीदारी नहीं स्वीकार की गई थी। इस आयोग की स्थापना ब्रिटिश संसद ने अपने हित साधन के लिए की थी। चौदह सदस्यीय इस आयोग मे. 11 सदस्य सरकार के थे, केवल तीन सदस्य दादाभाई नौरोजी, सरविलियन वेडरबर्न, डब्ल्यू० एस० केन सार्वजनिक संस्थाओं के थे।

आयोग के सामने जिन भारतीया. को इंग्लैंड बुलाया गया उनमे. सुरेन्द्रनाथ बनर्जी, डी० इ० वाचा, जी० सुब्रमण्यम आयर और गोपालकृष्ण गोखले थे। यों तो आयोग भारतीया. को आमंत्रित करना भी नहीं चाहता था परन्तु दादाभाई नौरोजी के आयोग के सदस्य होने के कारण ऐसा करना पड़ा। गोखले इन सबसे छोटी आयु के थे, कुल 31 वर्ष के। इस कारण साधारण सभा मे. ही इसका विरोध था। गोखले के स्थान पर यदि रानाडे, रावबहादुर जी० बी० जोशी आयोग के सदस्य होते तो जरा भी विरोध ना होता। पर गोखले ने जिस तरह आयोग के समक्ष भारत का पक्ष रखा उससे वह

अखिल भारतीय स्तर के नेता बन गए। गोखले के कार्यों की प्रशंसा करते हुए हमें यह स्मरण रखना चाहिए कि उस समय का विधान यह था कि शासकों को शोषितों पर अत्याचार करने की पूरी-पूरी छूट दी जाए ताकि वह देश का पूरा-पूरा नाश कर सक.।

आयोग के समक्ष गोखले के कहा, "इस समय सत्ता का नियंत्रण इनके हाथ मे. है-भारत सरकार, जिनका प्रांतीय सरकारों पर सीधा नियंत्रण है, सपरिषद भारतमंत्री जिसका भारत सरकार पर नियंत्रण है, (सपनिषद कभी-कभी भारत मंत्री पर नियंत्रण करने का प्रयत्न करती है, परन्तु अब वह पहले की अपेक्षा भारत मंत्री पर कहीं अधिक निर्भर हो गई है) और पार्लियामे.ट, जो कहने मात्र को सभा पर नियंत्रण करती है। इस कारण प्रश्न पैदा होता है ब्रिटिश पार्लियामे.ट पर किसका नियंत्रण है? ब्रिटिश जनता का, उन मतदाताओं का जिन्ह. अपना प्रतिनिधि चुनने का अधिकार है।

इस प्रकार स्पष्ट है कि भारत पर उसके नागरिकों या करदाताओं का राज्य नहीं है उस पर इंग्लैंड के करदाता नागरिकों का नियन्त्रण है। उनसे किस भलाई की आशा की जा सकती है। क्या वह इस देश से अधिक-से-अधिक लाभ प्राप्त करने की कोशिश नहीं करेंगे?

महारानी की उद्घोषणा तथा विभिन्न अधिनियम तो केवल पुस्तकों मे. ही बन्द होकर रह गए हैं। भारत पर एक ही सत्ता का अधिकार है, वह है भारत मंत्री। गोखले ने आगे कहा, "बजट को केवल बहस के लिए पेश किया जाता है, पास करने के लिए नहीं।" किन्हीं मदों मे. संशोधन या फेरबदल कराने अथवा उनके बदले कोई मदों को बदलने से सम्बन्धित प्रस्ताव नहीं रखने दिए जाते क्योंकि बजट का प्रस्ताव तो पहले ही अंतिम रूप प्राप्त किया होता है।

इस वस्तुस्थिति के तानाशाही स्वरूप पर प्रकाश डालते हुए गोखले ने कहा, "1858 के शासन अधिनियम की धारा 55 से यह सुनिश्चित करने की अपेक्षा की जाती है कि भारतीय राजस्व का उपयोग भारत के विकास के लिए ही किया जाएगा। पर इस धारा की हमेशा उपेक्षा की जाती है।"

उन्हा.ने बतलाया कि ईस्ट इंडिया कम्पनी के समय भारती राजस्व की रक्षा, निश्चित रूप से इससे बेहतर होती थी। इस मामले मे. कम्पनी के शासन के सामने ब्रिटिश शासन कुछ भी नहीं है। इस मामले मे. कम्पनी के शासन के स्थान पर ब्रिटिश सरकार का शासन प्रत्यक्षत: ही हानिकारक रहा है। कम्पनी भारतीय तथा ब्रिटिश हितों के बीच पुल का

कार्य कर रही है। वह किसी हद तक भारतीय हितों की रक्षा भी करती थी। परन्तु प्रत्यक्ष शासन से तो भारतीय हितों की उतनी रक्षा का भी अन्त हो गया है।

बैल्वी आयोग की नियुक्ति के समक्ष भारत मे. इन बातों का सबसे ज्यादा विरोध इस बात से था कि भारत से प्राप्त राजस्व भारत से बाहर सैनिक कार्यों मे. किया जाता था। सभी असैनिक प्रशासन के प्रमुख अंग्रेज थे। यूरोपीय व्यापारियों को अधिक शोषण करने की कानूनी छूट दी गई। लोक निर्माण कार्यों के इंजीनियरों ने वेतन वृद्धि के लिए आंदोलन आरम्भ कर दिया। जिन नई रेलवे लाईनों का निर्माण आरम्भ किया गया था। उनका उद्देश्य विदेशियों को भारत के उन संसाधनों का शोषण करने मे. सहायता पहुंचाना था जिनका पहले उपयोग नहीं किया गया था।

सबसे बड़ी शिकायत तो पराधीनता की थी। जो शासन के सामने की नहीं जा सकती थी। शासकों ने दृढ़ बंधन मे. देश को जकड़ लिया था। इसलिए यह प्रयास था। बंधन टूट नहीं सके तो कम-से-कम थोड़ा ढ़ीला अवश्य हो जाएं।

गोपालकृष्ण गोखले न इन सभी बातों को सामने लाने के लिए अथक परिश्रम किया। वह बजट पर मतदान कराने को भारत के हितों पर कुठाराघात मानते थे।

इधर ब्रिटिश सरकार ने क्षेत्र विस्तार के लिए बर्मा और अफगानिस्तान मे. लड़ाई लड़ी। पूर्व मे. भी अपना क्षेत्र बढ़ा लिया। इन लड़ाइयों पर तथा क्षेत्र विस्तार पर कम-से-कम 115 करोड़ रुपया खर्च हुआ जो कि भारतीय राजकोष से किया गया था, ब्रिटिश खजाने से नहीं। जबकि इसका बोझ ब्रिटिश खजाने पर ही पड़ना चाहिए। शांति काल मे. भी सामाजिक स्तर पर एक ब्रिटिश सेना भारत मे. रखी जा रही थी जिसका सारा भार, भारत को सहन करना पड़ रहा था। जिनका ऊंचा वेतन था इस पर सेना का और अतिरिक्त भार भारतीय अर्थव्यवस्था पर डालकर, भारत को और गरीब बनाया जा रहा था।

सन् 1893 के दिनों मे. सभी यूरोपियन कर्मचारियों को जो भारत मे. तैनात थे, विनिमय भत्ता दिया जाता था। इस भत्ते द्वारा प्रत्येक यूरोपियन अधिकारियों का आधा वेतन, 1000 पौंड की सीमा तक प्रति रुपया एक शिलिंग 6 पैसे की दर से पौंडों के रूप मे. विनिमय किया जाता था। फिर उसे प्रचलित विनिमय दरों के अनुसार रुपयों मे. परिवर्तित किया जाता था। इस प्रकार सभी यूरोपियन कर्मचारियों की अपने आप ही वेतन वृद्धि हो जाती थी।

गोपालकृष्ण गोखले ने यह स्पष्ट कर दिया कि सन् 1894-95 और 1895-96 के वर्षों मे. इस प्रकार प्रतिवर्ष 12 से 13 करोड़ रुपये का अतिरिक्त भार भारतीय राजस्व पर पड़ा। समुद्रपारीय अधिकारियों के वेतन पौड मे. निर्धारित किया था। इसमे. कोई शक नहीं है कि इस विनिमय के कारण रुपये के रूप मे. उनका स्वर्ण मूल्य काफी कम हो गया था। गोखले के अनुसार इन अधिकारियों का वेतन इतना अधिक था कि उन्ह. कोई क्षति भत्ता देना ही आवश्यक नहीं था। इसके अलावा जिन व्यक्तिया. के राजस्व से इन अधिकारियों को अनाप-शनाप वेतन मिल रहा था उनका सीधा इस सरकार पर कोई नियंत्रण नहीं था। नियंत्रण तो अंग्रेजी सरकार का था जो अपना हित ही सोचती थी।

गोखले ने अंग्रेजी व्यापारिक संस्था बम्बई चैंबर ऑफ कॉमर्स द्वारा सन् 1886 द्वारा वित्त आयोग को अपना दी गई रिपोर्ट का हवाला देते हुए कहा था-"प्रतिमास 1000 रुपये पाने वाले अधिकारियों को कम वेतन दिया जाना चाहिए।" गोखले की इन सभी बातों पर आयोग ने कोई ध्यान नहीं दिया। बल्कि भारत को यह अतिरिक्त आगे भी चुकाना पड़ा।

गोखले द्वारा प्रस्तुत लिखित साक्ष्य मे. से एक मे. यूरोपियन लोकनिर्माण सेवा के इंजीनियरों द्वारा वेतन वृद्धि की मांग का मामला भी था। 1885 मे. ही यह यूरोपियन इंजीनियर की मांग कर रहे थे कि तृतीय, चतुर्थ पदक्रम के कार्यकारी इंजीनियरों व प्रथम द्वितीय श्रेणी के सहायक इंजीनियरों के वेतन मे. वृद्धि की जाए। सरकार को यह मांग नहीं माननी चाहिए थी। पर सरकार ने इसे भी स्वीकार कर लिया।

बेल्वी आयोग के सामने यूरोपियन व्यापारियों द्वारा, विदेशी माल मंगवाने पर उसे सीमा शुल्क से मुक्त किए जाने का मामला भी रखा गया। इसके अलावा नई चली रेल कम्पनियों ने भी अंग्रेज व्यापारियों को भारतीया. के शोषण का मार्ग और प्रशस्त करने का मामला भी उठाया।

भारतीय सिविल सेवा सम्बंध मे. काफी चली आ रही शिकायतों को भी बेल्वी आयोग के सामने लाया गया। यह वर्ग ही नहीं इसके सभी महत्वपूर्ण पदों पर अंग्रेजा. को नियुक्त किया गया। गोखले ने इस सम्बन्ध मे. पूरा ब्यौरा देते हुए बतलाया कि बम्बई प्रांत मे. ही भारतीय सिविल सेवा के 175 पदों मे. से केवल 5 पदों पर भारतीय अधिकारी नियुक्त थे। भू-अभिलेख विभाग मे. छह पद थे जिन पर सभी यूरोपियन थे। वन-विभाग के 29 अधिकारियों मे. सभी यूरोप के, नमक विभाग के 12 पदों मे. से केवल एक पद पर भारतीय अधिकारी था। जेल विभाग मे. पूरे ग्यारह पदों

पर यूरोपियन नियुक्त थे। इसके अलावा चिकित्सा, सफाई, राजनैतिक, लोक निर्माण विभाग, पुलिस सभी मे. यूरोपियन थे। सिर्फ शिक्षा विभाग मे. 45 मे. से 10 भारतीय थे।

बेल्वी आयोग के कई सदस्यों ने गोखले की बातों को असंगत ठहराया। वह इस सबको सुनने तक को तैयार नहीं थे। पर गोपालकृष्ण गोखले ने सदस्यों से तकरार कर अपनी बात सामने रखी। फिर भी कोई आशाजनक परिणाम सामने नहीं आया।

गोपालकृष्ण गोखले ने अपने आपको एक सफल राजनेता साबित किया। जिसके परिणामस्वरूप उनके तर्कों से उनके विरोधी भी प्रभावित हुए। गोखले ने बैल्वी आयोग के सामने रेलों कि उपयोगिता को जहां स्वीकार किया वही रेलों द्वारा विदेशी माल के आयात के व्यापार की भी कटु आलोचना की। जिससे भारतीय दस्तकारों, शिल्पियों और स्वदेशी उद्योगों पर बुरा असर पड़ रहा था।

गोपालकृष्ण गोखले के स्थान पर महात्मा गांधी भी इस स्थिति मे. वही सब करते जो गोखले कर रहे थे। रेलों के कारण स्वदेशी उद्योगों पर हानि देखकर गांधी जी भी रेलों के विस्तार को अनुचित मानते। नील, चाय, काफी आदि पर अंग्रेजों का एकाधिकार था। जिस कारण अपने माल को वह तुरंत बाहर भेजना चाहते थे। विदेशी व्यापारियों को अधिक छूट देने की भारत की नीति भारत पर थोप दी गई थी। निर्यातक व आयात करने वाले दोना. ही अंग्रेज थे। उनसे सीमा शुल्क नहीं लिया जाता था। इस कारण भारत को राजस्व की हानि थी।

गोखले ने बेल्वी आयोग के सामने यह बात रखी कि, "निर्बंध व्यापार की यह नीति जबरदस्ती हम पर लाद दी गई है। जिसके कारण हमारे उद्योगों का नाश हो रहा है। दूसरी ओर अनाप-शनाप रियायतें दिये जाने के कारण रेलों को भी घाटा हो रहा था। लाभ होता तो भी भारत को नहीं मिलता। इस कारण ही रेलों का विस्तार रोके जाने की बात की जा रही थी।

बेल्वी आयोग ने गोपालकृष्ण गोखले से सीधे-सीधे पूछा, "क्या आप वास्तव मे. आयोग को यह विश्वास दिला सकते हैं कि भारत मंत्री और भारत सरकार ने रेलों का विस्तार अंग्रेज वाणिज्यक वर्ग को लाभ पहुंचाने के लिए किया है? क्या आप यह आरोप लगा रहे हैं?

गोखले का उत्तर था-"भारतीय लोगा. का यही विचार है और तथ्य भी इसकी पुष्टि कर रहे हैं। जब-जब वायसराय भारत आते हैं, प्रतिनिधिमंडल

ने उनसे मिलकर रेला. के विस्तार की बात की थी पर मात्र 20,000 मील लम्बी रेल लाइन. ही पर्याप्त समझी गई थी। इतना ही विस्तार भारतीय राष्ट्रीय कांग्रेस ने किया था। वित्त आयोग ने भी 20,000 मील की सीमा को अधिकतम माना था। फिर यह रेल लाइनों का विस्तार क्या. हो रहा है। जब भारतीय जनता ने इसके विस्तार के लिए कोई दबाव नहीं डाला है।"

गोखले ने आयोग को यह भी बतलाया कि अकाल बीमा निधि जिसकी स्थापना लार्ड लिटन ने एक अतिरिक्त कर लगाकर की थी। इस अतिरिक्त कर से प्रतिवर्ष 1.5 करोड़ रुपया इकट्ठा होगा व यह रकम अकालग्रस्त लोगा. को राहत पहुंचाने व अकाल विषयक बीमे के लिए खर्च की जाएगी। पर कर से एकत्र धन को किसानों पर खर्च न करके सरकार ने, बंगाल-नागपुर रेलवे और इंडियन मिडलैंड रेलवे की पूंजी का ब्याज चुकाने मे. किया गया जो रकम का दुरुपयोग और विश्वासघात का उदाहरण है।

आयोग ने गोखले की कही गई सब बातों को स्वीकार कर लिया और इस पर कोई वाद-विवाद या आपत्ति भी नहीं की गई। पर सबसे विवादास्पद बात यही थी कि, "क्या किसी उच्च पदाधिकारी द्वारा दिया गया वचन, अधिनियम से ऊंचा माना जाएगा। सरजेम्स पील कानून पर अधिक निर्भर रहना चाहते थे भाषणों पर नहीं। जबकि गोखले का उत्तर था-कि वह सरजान स्ट्रेची के भाषणों को आधार मानते हैं, कानून को नहीं।

इस पर ज्या. विवाद उठा वह निम्न है...!

गोखले-मैंने कभी ऐसा नहीं सोचा कि मंत्री महोदय के विचारों पर इसी तरह का तर्क-वितर्क होगा।

सर जेम्स पील-क्या तब भी नहीं जब उसने कानून बना दिया हो। अपने विचार को अधिनियम का रूप दे दिया हो। क्या अधिनियम मे. कही गई बात, टीका-टिप्पणी से कही जाने वाली बात से अधिक महत्वपूर्ण नहीं है?

गोखले-पर यहां तो उन्हा.ने साफ तौर से यही कहा है कि कानून इसी सहमति के आधार पर बना है, भारत सरकार की सहमति इस अधिनियम मे. व्यक्त नहीं है।

सर जेम्स पील और आयोग ने यह तो नहीं कहा कि मंत्री ने इस तरह का वचन नहीं दिया था। पर उन्हा.ने शब्दावली की आड़ लेकर सरकार को दोषमुक्त करने की कोशिश अवश्य की।

भारतीय बजट के सम्बंध मे. भी गोखले ने आयोग को कई सुझाव दिये। वह चाहते थे कि बजट की प्रत्येक मद सर्वोच्च विधान परिषद से अवश्य पास हो। सरकारी बहुमत बना रहे ताकि बजट अवश्य पास हो जाए। मतदान केवल गैर सरकारी सदस्यों से ही कराया जाए। यदि गैर सरकारी सदस्यों का बहुमत उसे पसन्द ना करें तो, इसी काम के लिए बनाई गई एक नियंत्रण समिति के सामने रखे। इस प्रकार विधान परिषद के अन्दर एक ओर परिषद् कि स्थापना का सुझाव गोखले ने रखा था। जिससे उचित सीमा तक ही सरकार पर नियंत्रण की व्यवस्था थी। इसके अनुसार भारत के करदाता को अपनी बात सामने लाने का एक मौका मिलेगा।

पर या तो इस तरह का मांग करने का तब तक ना तो समय आया था और ना ही आयोग का यह कार्यक्षेत्र ही था। वास्तव मे. गोपालकृष्ण गोखले का यह सुझाव था कि भारत से बाहर की जाने वाली सैनिक कार्यवाही का व्यय भार भी भारत पर नहीं पड़ना चाहिए। वह 1858 के अधिनियम की धारा 55 मे. संशोधन कराने के इच्छुक थे। इस अधिनियम मे. ब्रिटिश सरकार को भारत से बाहर हुए सैनिक कार्यवाहिया. पर हुआ खर्च भारतीय राजस्व से पाने का अधिकार था। इस संबंध मे. मात्र सांसद से सहमति लेने की आवश्यकता थी जो कि कोई कठिन काम नहीं था।

गोखले का सुझाव था जब तक भारत पर हमला ना हो, तब तक भारत की सीमा से बाहर की गई सैनिक कार्यवाही का खर्च, भारत के राजस्व का प्रयोग कम से कम तब तक ना किया जाए जब तक उस खर्च के एक भाग का भार, अंग्रेजी बजट-अनुमान पर भी न डाला जाए।

इस सम्बन्ध मे. अंग्रेजों का तर्क यह था कि उनके द्वारा किए जाने वाले क्षेत्र विस्तार का लाभ, भारत के सुरक्षा के लिए किया जा रहा था। अत: भारत को ही अपने हित मे. यह खर्च उठाना उचित ही होगा। यह एक साम्राज्यवादी तर्क था। गोखले का तर्क वहीं था कि केवल सुरक्षात्मक कार्यों के लिए ही भारत को इस खर्च के लिए ही बाध्य किया जा सकता है।

गोखले का एक मौलिक सुझाव यह भी था कि मद्रास, बम्बई, बंगाल, उत्तर पश्चिमी प्रांत, पंजाब और बर्मा की विधान परिषदों को अपना एक-एक प्रतिनिधि ब्रिटिश संसद मे. भेजने दिया जाए। 670 सदस्यीय ब्रिटिश संसद मे. छह और सदस्य कोई ज्यादा उपद्रव नहीं कर सकेगें। भारत मे. फ्रांसीसी व पुर्तगाली बस्तियों को पहले से ही यह अधिकार प्राप्त है।

गोखले की यह इच्छा थी कि विजेता और विजित, गोरे और काले एक साथ हा.। पर अंग्रेज सरकार ने यह सुझाव कभी स्वीकार नहीं किया। अगर यह सुझाव मान लिया जाए तो भारत को और पहले स्वतंत्रता मिल जाती।

गोखले का एक तर्कसंगत सुझाव यह भी था कि वित्तीय मामलों मे. विशेष योग्यता प्राप्त व्यक्ति को ही भारत का वायसराय बनाया जाए। इस तथ्य का उल्लेख करते हुए गोखले ने कहा कि अठारहवीं व उन्नीसवीं शताब्दी मे. ब्रिटेन के ख्याति प्राप्त प्रधानमंत्रियों मे. वालपोल, पिट, पील, डिजरायली और ग्लैड स्टोन वित्तमंत्री भी थे। गोखले का स्पष्ट मत था कि वायसराय के उच्च पद पर नियुक्ति के समय सैनिक ख्याति और उच्च कुल मे. जन्म को महत्त्व नहीं दिया जाना चाहिए। इस तर्क से वायसराय अप्रसन्न हो गए हा., परन्तु गोखले तो अपने देश के वकालत के लिए वहां गए थे, उन लोगा. की खुशामद करने नहीं गए थे।

गोखले ने अपना साक्ष्य पूरे दो दिनों, 12 और 13 अप्रैल, 1897 को दिया। पर उनका यह परिश्रम व्यर्थ ही गया। जैसा कि 'भारतीय राष्ट्रीय कांग्रेस का इतिहास' के अनुसार भारत को जो मामूली-सी राहत दी गई उससे कहीं अधिक बोझ सैनिकों के वेतन मे. होने वाले वृद्धि जो 786000 पौड के रूप मे. इस देश पर डाल दिया गया। बैल्वी आयोग की सिफारिशा. को ऊपरी तौर पर मान लिया गया था।

संतोष का विषय यह था कि गोपालकृष्ण गोखल को यह संतोष था कि वह अपने लक्ष्य कि प्राप्ति मे. सफल रहे थे। अपने सहयोगियों मे. से एक श्री जी० वी० जोशी को लिखा कि, सर डब्लू बेडरवर्न के अनुसार बेल्वी आयोग के सामने बहुत प्रभाव पड़ा है। दादाभाई नौरोजी भी प्रसन्न है, श्री केन को भी मेरे तर्कों से प्रसन्नता हुई है। आप सब के आशीर्वाद से ही मैं यह कार्य करने मे. सफल सिद्ध हुआ हूं।

इसी प्रकार का पत्र श्री गोपालकृष्ण गोखले के विषय मे. उनके मित्र श्री डी० इ० वाचा ने भी श्री जी० वी० जोशी के नाम लिखा जिससे श्री गोखले द्वारा बेल्वी आयोग के सामने किए गए उनके कार्य की भूरि-भूरि प्रशंसा की।

भारतीय राष्ट्रीय कांग्रेस के सक्रिय सदस्य

सन् 1863 मे. पूना का सामाजिक वह राजनीतिक वातावरण एकाएक उत्साहपूर्ण हो गया। इसका कारण वहां दादाभाई नौरोजी का आगमन था।

पूरे शहर को बड़े भी वैभवपूर्ण ढ़ग से सजाया गया था। जगह-जगह स्वागत द्वारा व बन्दनवार लगाए गये थे। गोपालकृष्ण गोखले भी दादा भाई नौरोजी के स्वागत के लिए बहुत ज्यादा उत्साहित थे। केवल 27 साल के कम उम्र मे. गोखले को कांग्रेस के मान्य नेता के रूप मे. प्रतिष्ठा प्राप्त हो चुकी थी।

दादाभाई नौरोजी को लाहौर कांग्रेस के महाधिवेशन का अध्यक्ष चुना गया था। इस घटना के पूर्व से ही गोपालकृष्ण गोखले और दादाभाई नौरोजी के संबंध मधुर हो चुके थे। दादाभाई नौरोजी गोपालकृष्ण गोखले के बहुमुखी प्रतिभा से ज्यादा प्रभावित हो चुके थे।

पर युवा गोपालकृष्ण गोखले को अपने नेता के पास घोड़ा-गाड़ी पर बैठने का सौभाग्य प्राप्त नहीं हो सका। उन्ह. घोड़ा-गाड़ी के कोचवान के पास बैठकर ही संतोष करना पड़ा। पर अपने इस स्थान पर बैठकर भी गोखले बहुत प्रसन्नचित और उत्साहित थे। उन्हा.ने खुब नारे लगाए और सारे रास्ते वह अपना रूमाल हिलाते रहे। अपने इस जोश मे. वह एक अध्यापक की गरिमा को भी भूल गए।

गोपालकृष्ण गोखले ओर बालगंगाधर तिलक एक साथ एक समय सन् 1889 मे. भारतीय राष्ट्रीय कांग्रेस मे. सम्मिलित हुए थे। देश की किसी प्रकार की सेवा करने वाला व्यक्ति उस समय कांग्रेस से अलग नहीं रह सकता था। श्री ए०ओ० ह्यूम जो कांग्रेस के जन्मदाता थे, ऐसे 50 सज्जन इकट्ठे करना चाहते थे जो निस्वार्थी, नैतिक रूप से उत्साही, चरित्रवान, आत्मसंयमी हों व जो भारत मे. लोकतांत्रिक सरकार की स्थापना मे. अपना

जीवन लगा सक.। इन लोगा. मे. ही युवा गोखले को भी स्थान दिया गया था। राष्ट्रीय लक्ष्य सिद्धि के इस कार्य मे. सैकड़ा. लोग आए पर गोखले के समान उनमे. से एक-दो ही थे। रानाडे भी कांग्रेस के संस्थापकों मे. से एक थे। उन्हीं की प्रेरणा से गोखले कांग्रेस के सदस्य बने थे। वैसे तो पूना को ही भारतीय राष्ट्रीय कांग्रेस के सर्वप्रथम अधिवेशन का स्थल चुना गया था पर वहां प्लेग फैले जाने के कारण अधिवेशन-स्थल बम्बई बना दिया गया। सन् 1889 मे. कांग्रेस अधिवेशन दूसरी बार भी बम्बई मे. ही हुआ था। 1889 के कांग्रेस महाधिवेशन के समय कांग्रेस अध्यक्ष विलियम वेडरवर्न थे। इस अधिवेशन मे. 1889 म. ही प्रतिनिधि शामिल हुए थे। इस अधिवेशन मे. ही ब्रिटिश संसद के एक सदस्य चार्ल्स ब्रेडण्ला भी उपस्थित थे।

इस अधिवेशन म. ही यह प्रस्ताव रखा गया कि भारत के लिए भी विधान परिषद. बनाई जा सकती हैं। इस प्रस्ताव पर अच्छा खासा विवाद भी हुआ। बाल गंगाधर तिलक का प्रस्ताव था कि सर्वोच्च विधान सभा के सदस्यों का चुनाव प्रांतीय परिषदों के सदस्यों द्वारा किया जाना चाहिए। गोखले ने भी इस संशोधन का अनुमोदन किया था। आगे चलकर गोखले व तिलक के कटु सम्बन्धा. को देखकर इस अवसर को एक असाधारण अवसर ही माना जाएगा। जबकि दोना. के अभिमत एक थे। वास्तव मे. यह एकता भी जस्टिस रानाडे की ही देन थी। इसमे. आचार्य कि कोई बात शेष नहीं रह जाती है।

गोखले ने अपने जीवन के अन्तिम काल तक सभी कांग्रेस महाधिवेशना. मे. भाग लिया था। केवल 1903 मे. कांग्रेस अधिवेशन के दौरान वह एक प्रवर समिति के काम मे. जुटे रहे। इस कारण और 1913 व 1914 के कांग्रेस अधिवेशन मे. बीमार रहे थे, जिसके कारण गोपालकृष्ण गोखले ने कांग्रेस के अधिवेशन मे. भाग नहीं लिया था।

वैसे गोपालकृष्ण गोखले कांग्रेस के सभी अधिवेशनों मे. काफी सक्रिय रूप से भाग लेते थे और आवश्यकतानुसार सभी प्रस्तावा. पर खुल कर चर्चा करते थे। अपनी तर्क शक्ति, आंकड़े तथ्यों के आधार पर गोखले का भावी स्थान कांग्रेस मे. सुरक्षित हो गया था।

आरम्भ मे. कांग्रेस अधिवेशना. मे. पारित प्रस्ताव नरम और आपत्ति रहित होते थे। अनिच्छुक अधिकारिया. को उनके लिए भी तैयार कर लेना बहुत बड़ा काम था। फिर भी वह प्रयास उपयोगी रह.। उन्हा.ने भारत मे. विद्यमान परिस्थितियों के संबंध मे. विदेशा. और स्वयं इस देश के लोगा. की आंख. खोल दीं।

कांग्रेस के प्रथम अधिवेशन 1885 मे. पारित किए गए प्रस्तावा. मे. निम्न मांगे की गई थीं।

(1) भारतीय प्रशासन के लिए आयोग की नियुक्ति।
(2) भारत परिषद (इंडियन कांउसिल) की समाप्ति।
(3) विधान परिषद के सदस्यों का निर्वाचन।
(4) परिषद मे. प्रश्न उठाने का अधिकार।
(5) उत्तर पश्चिमी प्रांत और अवध व पंजाब मे. विधान परिषद की स्थापना।
(6) परिषद मे. बहुमत द्वारा पारित विरोध प्रस्तावा. पर विचारार्थ हाउस ऑफ कामंस की एक स्थाई समिति।
(7) भारतीय सिविल सेवा की एक साथ परीक्षा का आयोजन व आयु सीमा मे. बढ़ोतरी।
(8) सैनिक व्यय मे. कटौती।

इन प्रस्तावा. द्वारा उन मामला. पर प्रकाश डाला गया जिन पर परिषद के प्रतिनिधि विरोध प्रकट कर सकते थे। कांग्रेस के कुछ नेता विधान मंडला. के सदस्य थे और एक प्रकार से उन्ह. यह आदेश था कि इन प्रस्तावा. को पारित कराने मे. अधिक प्रचार करें। पर यह आसान और तुरन्त हो जाने वाला कार्य नहीं था।

गोपालकृष्ण गोखले कांग्रेस मे. प्रतिष्ठित होते जा रहे थे। संस्था के वरिष्ठ सदस्य उनसे प्रभावित थे। बहुत शीघ्र ही उन्ह. कांग्रेस का मंत्री बना दिया गया। जिसका कारण यह था कि पूना मे. कांग्रेस अधिवेशन सम्पन्न होने वाला था। इस दौरान बालगंगाधर तिलक भी मंत्री नियुक्त किये गए। उन दिनों पूना भारतीय संस्कृति व शौर्य का केन्द्र था। अंग्रेज सरकार का प्रभुत्व वहां पर छाया हुआ था। पर वहां के नागरिक इस शासन को किसी भी तरीके से हटाने को तैयार थे। चाहे इसमे. उनके प्राण भी चले जाएं। नई पीढ़ी के युवकों की यही स्थिति थी। वैसे इन क्रान्तिकारिया. को समर्थन देने वाले संख्या मे. कम ही थे।

बालगंगाधर तिलक हिंसात्मक आंदोलन के समर्थक नहीं थे पर राष्ट्रीयता की ज्वाला को वह जलाए रखना चाहते थे। दास मनोवृत्ति के वह कट्टर शत्रु थे। उनका एक लक्ष्य था विदेशी शासकों से मुक्त होना।

यह समझना भी भूल होगी कि कांग्रेस के जिस नरम दल के नेता रानाडे थे वह राष्ट्रीय प्रतिष्ठा के लिए तिलक से कम चिंतित था।

दोना. ही वर्ग कांग्रेस के पूना मे. होने वाले अधिवेशन को लेकर

चिंतित थे। वह उसे पूरी तरह सफल बनाने के इच्छुक थे। फिर भी उनके आपसी मतभेद छिपाए नहीं छिप रहे थे।

या. रानाडे का आदर तो होता था पर उन्ह: जनता का प्रेम प्राप्त नहीं था। उनके विरोधी मानते थे कि रानाडे अति आवश्यकता से अधिक नैतिकतावादी थे। सामाजिक सुधारा. के लिए आवश्यकता से अधिक इच्छुक थे। इसके अलावा उन्ह. शासक वर्ग की सज्जनता और महानता मे. जरूरत से ज्यादा विश्वास था। इस कारण ही कांग्रेस के अधिवेशन के साथ समाज सुधार सम्मेलन का भी अनावश्यक प्रस्ताव उन्हा.ने रख दिया। जिससे पूना मे. वाद-विवाद हो गया। पूना मे. कहा जाने लगा कि जब तक सुधार सम्मेलन का अधिवेशन कहीं ओर ना हो वह कांग्रेस अधिवेशन की स्वागत समिति के सदस्य नहीं बने।

ज्यों-ज्यों कांग्रेस अधिवेशन का समय नजदीक आता गया यह विवाद बढ़ता ही गया। तिलक ने कांग्रेस अधिवेशन के एक मंत्री के रूप मे. अपने साथियों को समझाया कि इसी पंडाल मे. समाज सुधार सम्मेलन होने देने मे. कोई बुराई नहीं है। परन्तु मतभेद बढ़ता ही गया। इस अवसर पर फिरोजशाह मेहता जिनका उस समय कांग्रेस पर बहुत ज्यादा प्रभाव था। सामने आए। इस आंधी को शांत करने के लिए उन्हा.ने मंत्री पद के लिए, वाचा, सेतलवाड और डी० ए० खरे का सुझाव दिया। फिर भी तिलक के साथियों ने उनका मंत्री बने रहना कठिन कर दिया, जिस पर उन्हा.ने मंत्री पद से त्यागपत्र दे दिया।

पर तिलक के त्याग पत्र देने से भी इस समस्या का हल नहीं निकला। पूना मे. हुई एक सार्वजनिक सभा मे. कई युवका. ने यह धमकी दी कि अगर पूना कांग्रेस अधिवेशन पंडाल मे. सुधार सम्मेलन होने दिया तो वे लोग वहां आग लगा देंगे। कांग्रेस के मनोनीत अध्यक्ष सुरेन्द्रनाथ बनर्जी के पास भी इस आशय के हजारों तार भेजे गए। अब रानाडे को भी यही उचित लगा कि कांग्रेस अधिवेशन के स्थान पर समाज सुधार सम्मेलन करना उचित नहीं है। इस विषादपूर्ण स्थिति का आने वाले प्रतिनिधियों पर खराब असर पड़ेगा व विदेशी सरकार को भी सम्मेलन पर अनुचित दबाव डालने का नया बहाना मिल जाएगा। इसलिए उन्हा.ने सम्मेलन का स्थल बदल डालने का फैसला कर लिया। जबकि इससे पूर्व समाज सुधार सम्मेलन को लेकर कभी कोई विवाद नहीं हुआ था।

इस कटु स्थिति मे. भी गोपालकृष्ण गोखले अपना कार्य शान्ति और निष्ठतापूर्वक करते रहे, जबकि वाचा उन पर उत्तेजनावादी होने का आरोप

लगाते रहे। अधिवेशन से पूर्व उन्हा.ने सफलतापूर्वक धन संग्रह किया व अधिवेशन के दौरान एक दैनिक बुलेटिन का प्रकाशन भी किया था। यद्यपि इसका श्रेय उन्ह. नहीं मिला।

इस घटना के अतिरिक्त पूना का कांग्रेस अधिवेशन बिल्कुल फीका रहा। जिसमे. तिलक को भी जरा-सी सफलता नहीं मिली। बाद मे. तिलक ने एक समारोह मे. कांग्रेस अधिवेश के पदाधिकारियों का सम्मान किया।

कांग्रेस के इस अधिवेशन के बाद मे. कांग्रेस मे. बुनियादी तौर पर मतभेदा. के बीज पड़ गए। जो आगे चलकर कांग्रेस के मूल कारण बने। एक तरह से कांग्रेस का यह पूना अधिवेशन कांग्रेस विभाजन के एक पूर्व घोषणा ही कहा जाएगा।

इंग्लैंड यात्रा

अपनी पहली विदेश यात्रा के दौरान, गोपालकृष्ण गोखले लगभग 5 माह बाहर रहे–मार्च 1897 से जुलाई 1897 तक। इससे पूर्व इंग्लैंड के संबंध मे. उनकी जितनी भी जानकारी थी वह समाचार पत्रा. और पुस्तका. द्वारा प्राप्त थी। दीनसा एदुल जी वाचा नामक पारसी सज्जन ने जो बेल्वी आयोग के सामने, गोखले के साथ गवाही देने गए थे, साथ ही उन्हा.ने गोपालकृष्ण गोखले की इस पहली विदेश यात्रा के अविस्मरणीय संस्मरण लिखे हैं।

अंग्रेजी समाज से गोखले का यह पहला परिचय था। फिर भी उन्हा.ने अंग्रेजी भद्र समाज के सामान्य शिष्टाचार को बड़े ही सहज भाव से अपना लिया था।

सबसे आश्चर्य की बात तो यह है कि इंग्लैंड जाते समय गोखले शरीरिक व मानसिक तौर पर कष्ट मे. था–इसका कारण यह था कि 'कैले' नामक स्थान पर, प्रतीक्षालय मे. गुसलखाने मे. फिसल गये थे। संकोची स्वभाव के गोखले ने यह बात अपने सहयोगी श्री वाचा से छिपा ली। इस मामूली चोट ने गोपालकृष्ण गोखले के ह्दय को काफी नुकसान पहुंचाया था। पर वह कब तक उस पीड़ा को छिपाये रखे रह सकते थे। तीसरे दिन हारकर उन्हा.ने श्री वाचा को अपने कष्ट की सूचना दे ही डाली। यों तो गोखले दादाभाई नौरोजी के साथ रुके हुए थे, पर दादाभाई नौरोजी जैसे ऋषि तुल्य व्यक्ति के साथ रहते हुए कुछ कहने की हिम्मत भी नहीं थी।

वाचा ने सूचना पाकर, गोखले को दिखलाने के लिए डॉक्टर बुला दिया, जिसने गोपालकृष्ण गोखले की गंम्भीरता की सूचना, दादाभाई नौरोजी और वाचा को दी। गोखले मौत के मुंह से वापस लौट आए थे।

गोपालकृष्ण गोखले को पूरे पन्द्रह दिन तक अपने बिस्तर से न हिलने की राय डॉक्टर ने दी। इस दौरान उस इमारत मे. ही रहने वाली एक संस्कृत अंग्रेज महिला श्रीमती कासग्रेव ने, जो अपने आप को शेरेडिन वंश बतलाती थी, ने स्वेच्छा से गोखले की देखभाल करना स्वीकार कर लिया। उन्हा.ने गोखले की पूरी बीमार के दौरान इतनी अच्छी सेवा परिचर्या की, जितनी उनकी सगी बहन भी नहीं करती। श्रीमती कासग्रेव ने इसके अलावा, इस गम्भीर बीमारी मे. भी अपने हंसमुख और सेवाभावी स्वभाव के कारण गोखले का हौसला बनाए रखा, जो कि पराए देश मे. और विषय परिस्थिति मे. असम्भव-सा ही था। इस बीमारी से गोखले को भी यह लाभ हुआ कि अंग्रेज समाज का परिचय मिला, उनका संकोच दूर हुआ। मांस और मदिरा जो उस समय अंग्रेजी समाज की अनिवार्यता समझी जाती थी, से गोखले दूर ही रहे।

अपनी इंग्लैंड यात्रा मे. गोखले कुछ ब्रिटिश राजनीतिज्ञा. के सम्पर्क मे. भी आए। इनमे. जानमोर्ले से वह बहुत ज्यादा प्रभावित हुए। लंदन के सभी स्थानों, यहां तक ब्रिटिश संसद तक मे. गोखले अपनी मराठा पगड़ी पहनकर गए जो नारंगी रंग की सुनहरी रंगत की थी। इस पगड़ी से गोपालकृष्ण गोखले हर जगह आकर्षण के पात्र बन जाते, विशेषकर महिलाओं के। पगड़ी के कारण गोखले हर जगह पहचाने भी जाने लगे। बाद की यूरोप यात्राओं मे. गोखले ने पगड़ी को त्यागकर हैट को अपना लिया था।

बैल्वी आयोग के सामने इतने प्रभावशाली ढंग से भारत का प्रस्ताव रखे जाने के कारण गोखले को इस बात की पूरी उम्मीद थी कि भारत लौटकर उनका जोरदार स्वागत होगा। पर इसके विपरीत गोखले को भारत सरकार के साथ-साथ भारतवासियों की भी निन्दा और भर्त्सना का सामना करना पड़ा। गोपालकृष्ण गोखले को इस स्थिति मे. सबसे ज्यादा दुःख पहुंचा।

जिन दिना. गोखले इंग्लैंड गये हुए थे बम्बई मे. महामारी फैली हुई थी। अक्टूबर 1896 के आरम्भ मे. ही बम्बई महानगर मे. महामारी फैल गई। उस साल वहां अकाल भी पड़ा था। इन दोना. कारणों से ही बम्बई शहर निर्जन हो गया था। लोगा. के हटने से महामारी दूसरे शहरों मे. भी जा पहुंची। महामारी का दूसरा शिकार पूना शहर हुआ। सरकार ने इस विषय मे. बहुत कड़े कदम उठाए।

इसका सबसे बड़ा कारण यह था कि इंग्लैंड के शासक, इंग्लैंड की ब्लैक डेथ महामारी को अभी तक भूले नहीं थे। इस कारण उन्ह. इस बात

का बराबर डर था कि वहां महामारी कहीं समुद्र पार कर उनके देश मे. ना आ पहुंचे।

4 फरवरी, 1897 मे. बम्बई विधान परिषद मे. एक विधेयक पारित कर बम्बई राज्य सरकार को महामारी रोकने के सारे अधिकार सौंप दिये गए। यह अधिकार मार्शल ला जैसे अधिकार थे। कर्मचारियों को असीमित अधिकार देने के कारण भारतीया. ने इसका कड़ा विरोध किया। पर उक्त अधिनियम को तुरन्त कानूनी रूप दे दिया गया। जिससे भारतीया. का रोष अपनी चरम सीमा को लांघ गया जिससे लोगा. ने कानून के शिकार होने की अपेक्षा प्लेग से मरना ज्यादा उचित समझा।

बम्बई में तो नए कानूनों का सीमित और सही उपयोग हुआ पर पूना मे. तो स्थिति महामारी रोकने के लिए सर्वथा भिन्न थी। वहां मिस्टर रैण्ड नामक एक अंग्रेज को विशेष अधिकारी बनाया गया था। प्रत्येक घर का निरीक्षण होता, रोगाणुनाशक दवाओं के छिड़कने का काम व रोगियों का परीक्षण सैनिकों द्वारा किया जाता। जिनमे. रोगियों की अपराधिया. की भांति धर-पकड़ की जाती। इस कारण चारों तरफ आतंक व संग्राम का माहौल था। यूरोपीयों सैनिकों को भारतीय भावनाओं की कतई परवाह नहीं थीं। भारतीया. मे. खासकर महिलाओं को लेकर अनके सामाजिक व धार्मिक बन्धन थे। तिलक इस तरह व्यवहार के सख्त विरोधी थे, वह तो यहां तक कहते, प्लेग से ज्यादा खतरनाक तो अंग्रेजों का यह दुर्व्यवहार है। इसके विरोध मे. तिलक ने एक निजी अस्पताल खोल दिया जिसमे. सामान्य तरीके से प्लेग का इलाज होने लगा। पर सरकार को इस आलोचना की रत्तीभर भी परवाह नहीं थी।

इधर हिन्दू घरों मे. अंग्रेज सैनिकों का जबरदस्ती प्रवेश के कारण भारतीया. मे. सख्त आक्रोश पनप रहा था, जिसका कोई समाधान नहीं था।

22 जून, 1897 को जब महारानी विक्टोरिया के शासनकाल के हीरक जयंती समारोह के उपलक्ष्य मे. डिनर के बाद लौटते समय, रैण्ड और उसके सहयोगी लेफ्टीनेंट आयर्स्ट को गोली मार दी गई थी। आयर्स्ट की तो तुरन्त ही मौत हो गई, परन्तु रैण्ड ग्यारह दिन जीवित रहकर मरा।

वैसे पूना मे. हजारों की संख्या मे. भारतवासी प्लेग का शिकार होकर मर चुके थे। उक्त दोना. अधिकारियों पर हमला भी महामारी फैलने के दो माह बाद हुआ था। फिर भी इसे पूना के नागरिकों को आक्रोश माना गया। इस कारण चापेकर बंधुओं तथा कुछ अन्य व्यक्तियों को गिरफ्तार कर फांसी दे दी गई।

सैनिकों की क्रूरता व काली करतूतों के कारण पूना मे. तरह-तरह की अफवाह. फैल गई थीं। गोखले को लंदन मे. जब यह समाचार मिले तो वह बहुत पीड़ित हुए।

'सुधारक' के 12 अप्रैल, 19 अप्रैल व 10 मई, 1897 के अंकों मे. भारतीय नागरिकों को यहां तक प्रोत्साहित किया गया कि वह अंग्रेजों के अत्याचारों के सामने उठ खड़े हा.। सुधारक के एक लेख मे. लिखा गया-"तुम्ह. धिक्कार जो अपनी माता-बहनों पर होता हुआ बलात्कार देख रहे हो.... । इतने निष्क्रिय भाव से तो पशु भी अत्याचार सहन नहीं करते हैं।" एक अन्य लेख मे. 'सुधारक' कहता है, "अभी तक वे लोग माल ही चुरा रहे थे, पर अब तुम्हारी औरतों पर हाथ डालने लगे। यह सब होने पर भी क्या तुम्हारा खुन नहीं खौलता है। धिक्कार है तुम्ह. क्या बूढ़ी औरतों की तरह आंसू बहा रहे हो। क्या तुम भी इन नर-पशुओं को पाठ नहीं पढ़ा सकते हो।" रैण्ड के शासन पर प्रहार करने कि दृष्टि से 'केसरी' की अपेक्षा 'सुधारक' का रुख़ उग्र आक्रामक था।

12 व 13 अप्रैल को जब गोपालकृष्ण गोखले बैल्वी आयोग के सामने जिरह कर रहे थे। जब उनका पत्र भारत आग उगल रहा था। भारत के किसी भी पत्र ने बैल्वी आयोग को कतई भी महत्त्व नहीं दिया। जिसमे. विजय श्री ने गोखले का वरण किया। पर इसे भी गोखले की योग्यता ही कहा जाएगा जो गोखले देश कि घटनाओं से जरा भी विचलित या प्रभावित नहीं हुए।

लन्दन मे. उन्ह. फर्ग्युसन कॉलेज के प्रोफेसर राजवाड़े, उपन्यासकार एच० एन० आप्टे, सरदार नानू और पंडिता रामाबाई के पत्रों से पूना की मर्मांतक घटनाओं का विवरण मिला। इस तरह के समाचारा. ने गोखले को बहुत ज्यादा आंदोलित किया। सैनिकों ने दो महिलाओं पर अत्याचार किया था जिसके कारण उक्त महिलाओं ने अपनी जान दे डाली थी। अपने साथियों व सर विलियम वेडरवर्न से सलाह कर, उन्हा.ने कुछ अंग्रेज सरदारों तक अपनी बात पहुंचाई। पर वहां कोई लाभ ना होता जानकार उन्ह. अंग्रेजी समाचार पत्र 'गार्जियन' मे. यह समाचार प्रकाशित करा दिया। जिससे, इंग्लैंड मे. तहलका मच गया। अंग्रेज जाति स्त्रिया. के प्रति बहुत संवेदनशील थी। इसलिए उन्हा.ने सच जानने के लिए तुफान उठा लिया। पर अंग्रेज सरकार मे. इस बात की जांच कराने को तैयार नहीं हुई।

बात मे. बम्बई राज्य सरकार ने इस घटना को पूरी तरह बेबुनियाद और विद्वेषतापूर्ण बतलाया। सच्चाई जानने के लिए बम्बई राज्य के शासनाध्यक्ष

लार्ड सैंडहर्स्ट ने एक अनोखे ढ़ग से काम लिया था। उन्हा.ने प्लेग महामारी सम्बन्धी कुछ प्रश्ना. की सूची बनाकर तार से पूना के कुछ विशेष नागरिका. को भेज दी जिन्ह. तार द्वारा 24 घंटों मे. उत्तर भेजना था। इस तार प्रश्नावली के उत्तरों से गोखले की बात कि पुष्टी नहीं हुई, पूना के नागरिकों ने इसे झुठला दिया। इसका कारण पूना मे. फैला अंग्रेज शासकों का आतंक था। गोखले का साथ देने पर राजदण्ड का भय भी था। इस कारण सरकार ही विजयी सिद्ध हुई। सरकारी सैनिकों ने जो कुछ किया था वह सर्वथा उचित था। यह पूना के चन्द विशिष्ट नागरिकों ने सिद्ध कर दिया था।

इस वजह से गोखले के मित्र और प्रशसंक उनकी आलोचना करने लगे। चंद दिन बाद ही ब्रिटिश संसद ने भी यह साबित हो गया कि गोखले ने जो आरोप बम्बई सरकार पर लगाए थे वह सरासर झूठ थे।

गोपालकृष्ण गोखले के मित्र श्री वाचा भी यह मानने लगे गोखले के पूना संबंधी समाचार 'मे.चेस्टर गार्जियन' मे. प्रकाशित नहीं कराना चाहिए। गोखले ने जो किया था अपने मित्रों का विश्वास करके किया था। भले ही इस वजह से उनके पास प्रर्याप्त साक्ष्य मौजूद नहीं थे। गोखले के दृष्टि मे. यह अपराध था, जब पूना शहर कराह रहा हो, तब पूना का प्रतिनिधि जो संयोगवश ही अंग्रेज सरकार के सामने निर्लज्जतापूर्वक चुप रह.। यदि वह चुप रहते तो उन पर निकम्मेपन का आरोप अवश्य लगता।

इस स्थिति मे. गोखले की ख्याति पर आंच आ रही थी। पहले गोखले और वाचा कि योजना बेल्वी आयोग के साक्ष्य के बाद पूरे यूरोप की सैर की थी पर क्षुब्ध गोखले ने आगे की यात्रा कि योजना ठुकरा दी। 18 जुलाई 1897 को वह श्री वाचा के साथ ब्रिडसी नामक जलयान से स्वदेश वापस आने के लिए चल दिए। रास्ते मे. वह इस दु:खद स्थिति पर विचार करते रहे। जहाज मे. भारतीय सिविल सर्विस के एक वरिष्ठ अधिकारी हीटन से गोखले की बातचीत हुई। उसे गोखले की सच्चाई पर पूरा-पूरा विश्वास था। जबकि जहाज के अन्य अंग्रेज यात्रिया. की निगाह मे. गोखले वह अपराधी थे जिसने अंग्रेज सैनिका. को व्यर्थ ही बदनाम किया था।

लंदन के बन्दरगाह पर जहाज के पहुंचते ही गोखले को उनके भारतीय मित्रों के पत्र मिले जिन्हा.ने उनसे अपना नाम सरकार को बताने की प्रार्थना की थी। अब गोखले के सामने अपने मित्रों की कमजोरियां प्रकट हो गयीं। गोखले के मित्र साहसपूर्वक अपना नाम सरकार के सामने लाने का साहस करते तो इस स्थिति मे. गोखले की जिम्मेदारी कम हो जाती। गोखले को जो कुछ बतलाया था उसे प्रकट कर गोखले ने जितना साहस दिखलाया था, उतना साहस उनके मित्रों ने नहीं दिखलाया था।

जहाज के बम्बई बंदरगाह पहुंचते ही, बन्दरगाह तट पर बम्बई के पुलिस कमिश्नर ने गोखले को अलग ले जाकर उनसे कुछ देर बातचीत करने का आग्रह किया। वह भेंट ना तो शिष्टाचारवश थी ना गिरफ्तारी या तलाशी के लिए। पर पुलिस कमिश्नर गोखले के आगामी कार्यक्रमा. की जानकारी चाहता था। गोखले ने उत्तर दिया-आगे का कार्यक्रम वह पूना जाकर अपने मित्रों से विचार-विमर्श के बाद तय करेंगे। इससे सरकार अनिश्चय के स्थिति मे. पड़ गई। फिर भी गोखले से बैल्वी आयोग संबंधी कागजात पुलिस कमिश्नर ने ले लिए।

फिरोजशाह मेहता का प्रतिनिधि भी जहाज पर ही गोपालकृष्ण गोखले से मिला। पर उन लोगा. के बीच क्या बातचीत हुई उसका पता नहीं चलता है।

गोपालकृष्ण गोखले ने लंदन मे. जो प्रशंसापूर्ण कार्य किया था उनका कोई अभिनंदन नहीं हुआ। ना गोखले स्वयं पुष्पमालाएं ग्रहण करने के स्थिति मे. थे ना उनके मित्र तथा प्रशंसक ही उनका सम्मान करने की मन:स्थिति मे. थे।

रानाडे से गोखले ने जब भेंट की तो उन्हा.ने गोखले को सबसे पहली सलाह यही दी कि वह पूना जाकर घटनाक्रम की जांच करें व प्रमाण जुटाएं। पूना से जांच करने के बाद, रानाडे के पास बम्बई लौटकर गोखले ने यह बताया कि ऐसा कोई साक्ष्य उपलब्ध नहीं है। अत: गोखले के सामने एक ही लक्ष्य था बिना शर्त सरकार से माफी मांगने का।

इस संकट मे. भी, गोखले के लिए बाल गंगाधर तिलक ज्यादा उपयोगी रह सकते थे। जिन्हा.ने 20 जुलाई के 'केसरी' मे. पूना के लोगा. से प्लेग संबंधी अत्याचारा. के सम्बन्ध मे. शिकायत. लिखने का आग्रह किया था। तिलक के इस बयान के तत्काल बाद ही सरकार ने तिलक को राज्यद्रोह के आरोप मे. 26 जुलाई को गिरफ्तार कर लिया था। यह घटना गोखले के बम्बई पहुंचने के तीन दिन पूर्व की है।

बाल गंगाधर तिलक की जीवनी मे. एन० सी० केलकर कहते हैं-गोखले ने इस घटना को जल्दी प्रकाशित करवाकर गलती की। अगर वह साक्ष्य की व्यवस्था देख लेते तो यह स्थिति ना आती।

गोपालकृष्ण गोखले ने 4 अगस्त 1897 को 'टाइम्स ऑफ इंडिया' मे. एक लिखित वक्तव्य देकर क्षमा मांगी...।

यह क्षमा-याचना भी गोखले के जीवन के लिए एक दुखद अध्याय का अंत था। इस क्षमा-याचना मे. गोखले ने जिस तरह अत्याचारी सैनिकों

से क्षमा-याचना करते हुए उनकी प्रशंसा की वह दुर्भाग्यपूर्ण घटना कही जाएगी। क्योंकि यह अनावश्यक ही थी। गोखले बहुत स्पष्टवादी, साहसी और उदार हृदय थे। उनसे इस तरह की क्षमा-याचना की अपेक्षा नहीं की जा सकती थी। इस कारण गोखले के मित्रों, प्रशंसकों ने इस क्षमा-याचना को कभी भी स्वीकार नहीं किया था।

बल्कि पूना के वह लोग जो इस अत्याचार के सीधे शिकार हुए थे, वह इस बात का इंतजार कर रहे थे कि सरकार गोपालकृष्ण गोखले पर, इन आरोपों के जवाब मे. मुकद्दमा चलाए। इस कारण कुछ अंश तो, साक्ष्य सामने आते। पर गोखले तो किसी और मिट्टी के बने हुए थे। वह ऐसी किसी बात की पुष्टि नहीं करना चाहते थे, जिसकी पुष्टि सम्भव ही नहीं थी। उनकी नजरों मे. क्षमा-याचना तभी पूरी सच्ची हो सकती थी जब वह पूर्ण हो।

बम्बई के गवर्नर लार्ड सैंडहर्स्ट ने ही क्षमा-याचना का उल्लेख विधान परिषद मे. किया पर इसे उदारतापूर्वक स्वीकार नहीं किया। बाद मे. सन् 1899 मे. पूना मे. पुनः प्लेग फैलने पर उन्हा.ने कहा, "प्लेग के दिनों मे. सहायता कार्य करने वाले स्वयं सेवकों मे. गोखले से अधिक साहसी, मेहनती, उदार व दयावान कार्यकर्त्ता कोई नहीं है।"

मार्ले ओर ह्यूम ने गोपालकृष्ण गोखले से कहा "इस घटना की मे. किंचित्मात्र भी चिंता नहीं करता। हम तुम्ह. लक्ष्य के प्रति शहीद होने वाले व्यक्ति मानते हैं। हम पहले से भी अधिक तुम्हारा साथ देने को तत्पर हैं।" दादा भाई नौरोजी ने भी उन्ह. धैर्यपूर्वक अपना काम करते रहने की सलाह दी।

गोखले इस स्थिति से घबड़ाकर सार्वजनिक जीवन से मुक्ति पाना चाहते थे। वह यह नहीं चाहते थे कि उनके कारण उनके देशवासियों को नुकसान पहुंचे। पर गोखले के हितेषियों ने उन्ह. किसी तरह समझा लिया। इससे पूर्व 8 फरवरी 1896 को इंग्लैंड यात्रा से पूर्व जी० वी० जोशी को पत्र लिखकर, पूना के राजनैतिक जीवन से कार्य-मुक्ति चाही थी। इस प्रकार की कार्य-मुक्ति के दौरे गोखले को अक्सर पड़ते। जो अपने आप समाप्त भी हो जाते। क्षमा-याचना प्रसंग मे. अपने मित्र वासुदेव गोविंद आप्टे की इस टिप्पणी से कि...... "गोखले के कारण सारे देश को नीचा देखना पड़ा।" सुनकर गोखले को अपने बाल्य सखा की बात पर जहां दुख हुआ वही उनमे. साहस जाग्रत भी हुआ। गोखले ने कहा, "मुझ पर जिस तरह भूल का दोषारोपण किया गया है उसकी क्षतिपूर्ति मे. मैं एक दिन इस देश

का गौरव बनूंगा। तब तुम जैसे आलोचक मेरे मित्र होंगे। सार्वजनिक कर्तव्य, किसी व्यक्ति के कहने पर ना तो ग्रहण किये जा सकते हैं और किसी के कहने मात्र से ही छोड़ भी नहीं जा सकते।"

आगे गोखले कहते है, "ऐसा लगता है कि मेरे पीछे हट जाने के कारण बम्बई के पुलिस कमिश्नर से मेरी मुलाकात है जिस कारण मैंने अपना मार्ग बदल लिया।"

बहरहाल पूना प्लेग काण्ड से गोखले के सर्वजनिक जीवन को बहुत गहरा धक्का लगा। उनके मित्र व शत्रुओं का पता चल गया। बस यही एक अच्छी बात थीं।

विधान परिषद मे.

सन् 1899 को गोपालकृष्ण गोखले, बम्बई राज्य विधान परिषद के चुनाव मे. जीत कर पार्षद हो गए। जिससे गोखले के सभी साथी बहुत ज्यादा प्रसन्न हुए। इस प्रसन्नता मे. गोखले भी शरीक थे। आखिर बहुत दिना. बाद ही सही गोखले की इच्छा तो पूरी हुई। सही अर्थों मे. यह सफलता, गोपालकृष्ण गोखले की सफलता की छोटी सी शुरुआत थी।

तब तक लोग क्षमा-याचना प्रकरण को भूल चुके थे व सरकार का भी क्रोध शांत हो गया था। बैल्वी आयोग के सामने गोपालकृष्ण गोखले की योग्यता के कारण भी लोगा. को यह उम्मीद थी कि गोखले विधान सभा मे. सफल सिद्ध होंगे। तत्कालीन सरकार का क्रोध भी तब तक शांत हो गया था। सरकार उनका आदर करने लगी थी। अपनी योग्यता व सज्जनता के कारण गोखले को यह सम्मान मिलने मे. देर लगी। देश-हित के लिए गोखले हर कष्ट सहने को तैयार थे और उनकी सहायता व मार्ग-दर्शन करने के लिए रानाडे सदा की तरह उपलब्ध थे।

उन दिनों प्रांतीय परिषदा. मे. सरकारी हस्तक्षेप बहुत था। गिने-चुने निर्वाचित स्थानों के लिए भी प्रत्यक्ष चुनाव नहीं होता था। बम्बई प्रेसीडेंसी के मध्यवर्ती डिवीजन जिसमे. छः जिले सम्मिलित थे, एक स्थान खाली था जिसे स्थानीय डिस्ट्रिक लोकल बोर्ड भरा करते थे। गोखले ने इसी स्थान से चुनाव लड़ा था। इसी चुनाव क्षेत्र से लोकमान्य तिलक सन् 1896 व 1897 मे. दो बार चुने गए थे। 1897 उनको राजद्रोह मे. डेढ़ साल का कठोर कारावास दे दिया गया था। बाद मे. उनके कारावास मे. छः मास की सजा कम करके उन्ह. छः सितम्बर सन् 1898 को रिहा कर दिया

गया। तिलक तीसरी बार सरकार पर अपने लोगा. का विश्वास दिलाने के लिए खड़े होना चाहते थे। उन्हा.ने जिला मण्डलों के सदस्यों से इस बारे मे. विचार-विमर्श किया। इस स्थिति से पता चला कि लोग उन्ह. सरकार का सामना करने को तैयार नहीं थे। इस स्थिति मे. तिलक ने चुनाव मे. खड़े होने से इंकार कर दिया। इस कारण गोखले का चुनाव सम्भव हुआ, जिससे गोखले की उन्नति के अनेक मार्ग प्रशस्त हुए। उनमे. से एक मार्ग आगे जाकर इम्पीरियल लेजिस्लेटिव एसेम्बली की सदस्यता भी थे।

गोखले विधान सभा के सक्रिय सदस्य थे व एक युवा सदस्य के नाते वह विधान परिषद के कार्यवाही मे. सक्रिय रूप से दिलचस्पी लेते थे, सरकार के समक्ष अपनी बात रखते थे। संसदीय राजनीति के साथ गोखले के आचार-विचार का सहज सम्बन्ध दिखलाई पड़ता था।

गोपालकृष्ण गोखले ने विधान परिषद की तीन महत्वपूर्ण समस्याओं की ओर विशेष रुचि ली। ये थी-अकाल संहिता, भूमि अंतरण विधेयक और नगर पालिकाआ. की कार्य व्यवस्था। महाराष्ट्र की जनता अभी 1896 के अकाल के प्रकोप से संभल नहीं पाई थी। गोखले बैल्वी आयोग के सामने अकाल सहायता के दुरुपयोग की बात पहले ही कह चुके थे जिसमे. सरकार ने अकाल राहत की धनराशि से रेल कम्पनिया. के लाभांश चुका दिये थे। सार्वजनिक सभा और दक्कन सभा मंत्री होने के नाते गोखले ने अनेक अभ्यालेखों के प्रारूप तैयार किये थे। वह अकाल पीड़िता. के सम्पर्क मे. रहने का कारण उनके दु:ख से दुखी हो गए थे।

अकाल संहिता वर्षों से मौजूद थी पर उस पर प्रभावपूर्ण ढ़ग से कोई काम नहीं हुआ था। अब उसे कार्य रूप देने की आवश्यकता थी। गोखले ने योग्यतापूर्वक सरकार की इस नीति की कटु आलोचना की। बाद मे. सहायता कार्य प्रारम्भ हुए पर सरकार बड़ी कंजूसी से आर्थिक सहायता दे रही थी। गोखले का सुझाव आर्थिक सहायता देने के स्थान पर उद्योग-धंधे कायम करने का था। अकाल पीड़ितों से कड़े परिश्रम की उम्मीद करना बेमानी था क्योंकि शारीरिक दुर्बलता के कारण उनसे अधिक परिश्रम की अपेक्षा करना ही बेकार था। वास्तव मे. इस तरह अकाल सहायता का दुरुपयोग हो रहा था। निश्चित काम पूरा न होने पर अकाल पीड़ितों पर जुर्माना किया जाता था। नि:शुल्क सहायता को धनराशि और प्रदेशों की अपेक्षा काफी कम थी। अकाल संहिता के पालन मे. दुरुपयोग हो रहा था।

अकाल पीड़िता. को लेकर आवाज उठाने पर गोखले की ख्याति

जीवन-भर अकाल संहिता के रूप मे. होती रही। गोखले के कारण बाद मे. सरकार ने अपनी नीति बदल डाली जिस कारण गोखले श्रद्धा और विश्वास के पात्र बन गए।

इस दौरान महाराष्ट्र म. अकाल के अलावा प्लेग, हिन्दू मुश्लिम झगड़े व क्राफोर्ड काण्ड हुआ जिससे बम्बई निवासी बहुत त्रस्त हुए। प्लेग की बलिवेदी पर हर वर्ष सैकड़ा. लोग मर जाते थे। निर्दयी सरकार जनता को कुचल डालने पर विश्वास करती थी और नेता आपसी विद्वेष के शिकार थे। जनता कष्ट से मरी जा रही थी। ऐसी विषम स्थिति मे. सिर्फ गोखले ही भारतीय जनता के पक्षधर थे।

30 मई 1901 मे. बम्बई विधान परिषद मे. बम्बई सरकार ने भूमि अंतरण-विधेयक रखा। सभी गैर सरकारी सदस्यों ने इस विधेयक का तीव्र विरोध किया। पर इसके बावजूद विधेयक पास हो गया। अखबारा. व जनता के तीव्र विरोध के कारण विधेयक का उपयोग न हो सका। इस विधेयक के विरुद्ध, तिलक ने केसरी मे. भी लिखा था।

इस विधेयक की मूल सामग्री तो दूर की बात है शब्दावली ही बड़ी खराब थी। अकाल तथा अन्य आर्थिक कारणा. से ही बम्बई प्रेसीडेंसी के छोटे बड़े भूस्वामी अपनी जमीने बेच रहे थे। सभी ओर इसकी कटु आलोचना हो रही थी। सरकार से किसी प्रकार किसानों की ऋण-ग्रस्तता दूर करने की अपील हो रही थी जिससे वह अपनी भूमि न बेच.। वरना किसान भूमिहीन हो गए। इस कारण भूमि अंतरण विधेयक लाने की मांग की गयी थी। जिससे किसान अपनी खड़ी फसल तो सरकार के पास गिरवी रख सकता था पर अपनी जमीन गिरवी नहीं रख सकता था। इस कारण किसान एक ओर तो साहूकार से ऋण लेकर अपना कर्ज चुका सकता था दूसरी ओर सरकारी लगान न चुकाने के कारण खेती जब्त कर सकती थी। आगे उसे जमीन से बेदखल किया जा सकता था। इस तरह किसान भूमिहीन और बेकार हो सकता था।

गोपालकृष्ण गोखले ने हालात का पूरी तरह अध्ययन के बाद सरकार को सुझाव दिया कि, "वह इस कानून को भंग कर किसाना. को साहूकार के चंगुल से निकालकर, भूमि न्यास बैंक अथवा सरकारी ऋण समितियां अथवा कृषि बैंक स्थापित कर ऋण-ग्रस्तता रोक सकते थे। सरकार के इस कथन से गोखले असहमत थे कि मुस्लिम शासन काल मे. किसान ज्यादा गरीब और ऋण-ग्रस्त थे। गोखले ने यह सिद्ध कर दिया कि अंग्रेजी शासन काल मे. निर्धनता व ऋण-ग्रस्तता मे. अभिवृद्धि हुई थी। बम्बई सरकार के

भारत मंत्री ने आग्रहपूर्वक कहा कि विधेयक के विरुद्ध होने वाले आन्दोलन का साहूकार समर्थन कर रहे हैं। जिस पर गोखले का कहना था वह विधेयक का विरोध इस कारण कर रहे हैं क्योंकि वह किसाना. के खिलाफ है। इस विधेयक के प्रभाव से निजी जमीना. का राष्ट्रीयकरण हो जाएगा, इससे इस प्रेसीड.सी की भूमि व्यवस्था का स्वरूप ही बदल जाएगा।"

इतने तर्कों के बाद भी सभी गैर–सरकारी सदस्या. के विरोध के बावजूद सरकार ने विधान परिषद मे. यह विधेयक पास करा लिया। विरोध प्रदर्शन के लिए फिरोजशाह मेहता के नेतृत्व मे. सभी गैर–सरकारी सदस्य विधान परिषद से बाहर आ गए। गोखले ने उन सबका साथ दिया और इस अवसर पर कहा कि, "मैं बहुत संकोच के साथ यह कदम उठा रहा हूं। मेरा उद्देश्य किसी के प्रति अनादर नहीं है। मैं अकेला रह कर ठीक काम करने की अपेक्षा साथ रह कर गलत काम करना ज्यादा उचित मानता हूं।"

बाद मे. फिरोजाशाह मेहता ने गोपालकृष्ण गोखले के इस वक्तव्य की निन्दा की। उनके अनुसार सरकार को इस तरह का वक्तव्य देना बेकार ही था। पर सरकार ने आगे चलकर गोखले के लगभग सभी सुझाव मान लिए।

गोखले ने विधान परिषद मे. डिस्ट्रिक म्युनिसिपिल अधिनियम के संशोधन मे. महत्वपूर्ण भूमिका निबाही। विधेयक गोखले की सदस्यता से पूर्व सदन मे. आया था। पर जब गोखले सदस्य बने तब वह भी उस प्रवर समिति के सदस्य थे, जो इस विधेयक पर विचार कर रही थी। उन्हा.ने इन संगठनों मे. साम्प्रदायिक प्रतिनिधित्व के सिद्धांत का डटकर विरोध किया। गोखले ने बड़े ही स्पष्ट शब्दा. मे. कहा कि, देश के विभिन्न वर्गों के अंतर को सदन मे. नहीं माना जाए। नहीं तो आगे घातक परिणाम हा.गे। पर सरकार ने उनकी एक न सुनी और इस विधेयक को कानून का रूप दे दिया, जिसके आज भी घातक परिणाम सामने स्पष्ट नजर आ रहे हैं।

गोखले एक विद्वान विधायक सिद्ध हुए। उनके तीन असाधारण गुण थे। सूक्ष्म विश्लेषण, आनंदप्रद अभिव्यक्ति व आत्म प्रदर्शन से दूर होना।

अपनी कोई भी बात उन्हा.ने चलाकी से मनवाने का प्रयास नहीं किया। जो किया तर्कों व ईमानदारी के साथ किया। मादक पदार्थों की खुली बिक्री का उन्हा.ने सख्त विरोध किया था। यह विरोध 1897 मे. उन्हा.ने बेल्वी आयोग के सामने भी किया था। आगे चलकर कांग्रेस पार्टी और महात्मा गांधी, तिलक आदि अनेक महापुरुष नशाबंदी के सख्त खिलाफ थे।

जिन दिनों गोखले विधान परिषद के सदस्य थे। उन दिनों भी वह फर्ग्युसन कॉलेज मे. अध्यापन कार्य करते थे। सन् 1902 मे. ही वह इस पद से सेवानिवृत हुए। इस दौरान कभी उनके अध्यापन मे., विधान परिषद के काम की वजह से कोई कष्ट नहीं हुआ। बल्कि सदस्यता के कारण अनेकानेक लाभ ही प्राप्त हुए।

गोखले अपनी प्रतिभा और कार्य-कलापों के कारण मात्र दो जगह ही सीमित नहीं रहे। अन्य सामाजिक क्षेत्रों को भी उन जैसे बहुमुखी प्रतिभा के धनी की आवश्यकता थी। सरकार भी बाद मे. उन्ह. अपने लिए आवश्यक मानने लगी। अवसर के अनुकूल गोखले ने अपना विकास किया। सार्वजनिक जीवन मे. जिस उच्च चरित्र और असीम सेवा भावना की आवश्यकता थी वह उनके भण्डार थे, जिसकी छाप उनके सार्वजनिक जीवन पर बड़ी स्पष्टता से दृष्टिगोचर होती है।

इम्पीरियल लेजीस्लेटिव एसेंबली की सदस्यता

सन् 1901 के जनवरी माह मे. रानाडे का देहावसान हो गया था। गोपालकृष्ण गोखले पर, इस घटना का प्रभाव वज्र के समान पड़ा। वह बिल्कुल अनाथ हो गए। गोखले के लिए रानाडे शिक्षक, संरक्षक और पिता तीनों ही रूपों मे. एक समान थे। संयोग से गोखले ने चन्द दिन पूर्व ही फिरोजशाह मेहता को पत्र लिखकर यह प्रार्थना की थी कि उन्हा.ने सर्वोच्च विधान सभा मे. भाग लेने का अवसर मिलना चाहिए। उन दिनों ही, गोखले फर्ग्युसन कॉलेज से भी अवकाश प्राप्त करने वाले थे। इस वजह से वह अपना शेष जीवन भारतीय राजनीति मे. समर्पित करना चाहते थे।

तब तक गोखले की पत्नी का देहांत भी हो चुका था। उस समय उनकी 125 रुपये मात्र की मासिक आय थी। उन्ह. 30 रुपये प्रति मास पेंशन मिलती थी। इन सब कारणों के बावजूद गोखले की उत्कट इच्छा थी कि वह अपने देश के लिए उपयोगी सिद्ध हो सकें। गोखले व्यक्ति यश लाभ के लिए प्रतिष्ठा नहीं चाहते थे।

1897 की घटनाओं से गोखले बहुत समय तक आहत रहे थे। मंजेरजी भवनागरी ने हॉउस ऑफ कामंस मे. उन्ह. 'एक तिरस्कृत कूटनीतिज्ञ' की संज्ञा दी थी। जिससे गोखले के अनुसार, "जिस रात मुझे यह पता लगा मैंने संकल्प कर लिया कि मैं उस राजनीतिक काम को उस हद तक अपना जीवन लगा दूंगा जिसे अनजाने मे. ही मैंने गम्भीर क्षति पहुंचाई थी।"

इन सब स्थितिया. से मेहता बहुत द्रवित हुए व उनको यह महसूस हुआ कि गोखले ही इस सर्वोच्च पद के लायक थे, यद्यपि अन्य बहुत से लोग भी उम्मीदवार थे। पर मेहता ने उन सबको मनाकर, गोखले को

निर्विरोध यह गौरवशाली पद दिला ही दिया। सन् 1902 के आरम्भ मे. ही गोपालकृष्ण गोखले इम्पीरियल लेजीस्लेटिव कौंसिल के सदस्य बन गए। इसके बाद भी गोपालकृष्ण गोखले तीन बार इस कौंसिल के सर्वसम्मति से सदस्य बने।

इम्पीरियल लेजिस्लेटिव असेम्बली के सदस्य के रूप मे. गोखले ने कई महत्वपूर्ण कार्य किए। उनमे. सर्वेंट ऑफ इंडिया सोसायटी की स्थापना भी एक है, जिसके मंच से गोखले ने अनेक महत्वपूर्ण लड़ाईयां लड़ी।

महाराष्ट्र की राजनीति मे. उस दौरान तीन लोग छाये हुए थे। इनमे. पहले जस्टिस रानाडे थे जो अपार विद्वान व जन-कल्याण की भावना रखने वालों मे. थे। दूसरे वर्ग के प्रतिनिधि तिलक थे, जो एक वर्ग विशेष के नेता और देशभक्त थे। इसके बावजूद वह सफल विधायक नहीं बन पाए। तीसरे वर्ग मे. गोपालकृष्ण गोखले थे, जिन्हा.ने सार्वजनिक मंच से सत्ता पर प्रहार करने का प्रयास कभी नहीं किया।

सन् 1902 से 1911 तक की 9 वर्ष की अवधि मे. गोपालकृष्ण गोखले ने बजट के सम्बन्ध मे. ग्यारह और अन्य महत्वपूर्ण मसलों पर लगभग 36 भाषण दिए। अन्य सभी विषय मे. गोखले प्रवीण थे। वहीं बजट और अन्य वित्तीय मामलों मे. उनके विचार उत्कृष्ट थे। यद्यपि आज यह भाषण ऐतिहासिक महत्व के रह गए हैं, इसके बावजूद उनका सामाजिक महत्त्व कम नहीं रह जाता है।

गोखले ने, सरकारी गुप्त जानकारी अधिनियम, भारतीय विश्व विद्यालय अधिनियम, सरकारी ऋण, राजद्रोहात्मक सभा, प्रेस विधेयक, ऋण मे. कभी व बचाव, रेल वित्त व्यवस्था, सरकारी व्यय वृद्धि, वस्त्र उत्पादन शुल्क, चीनी पर आयात शुल्क, लोकसेवा, आयकर, सिविल-मैरिज एक्ट, करार बद्ध श्रमिक, नई दिल्ली निर्माण व्यय, अधिशेष और आरक्षित निधियां, स्वर्ण मुद्रा और प्राथमिक शिक्षा विधेयक जैसे सभी महत्वपूर्ण विषयों पर अपने विचार प्रकट किये थे।

बजट सम्बन्धी सभी भाषणों मे. भी उन्हा.ने, नकम शुल्क, सैनिक व्यय, मुद्रा अधिशेष, सेवाओं का भारतीयकरण और कराधान जैसे महत्त्वशाली विषयों का उल्लेख किया।

उनके भाषणों से यह बात जरूर कही जा सकती थी कि भारतवासिया. को सही लाभ नहीं प्राप्त हो रहा है। उन्ह. मूल अधिकारों से वंचित रखा जा रहा है। न्याय, उचित आचरण, नागरिक स्वाधीनता से भारतवासियों को वंचित रखा जा रहा था। भारत को आर्थिक व औद्योगिक प्रगति के अवसर

नहीं दिए जा रहे थे। इसका कारण यही था कि अंग्रेज अधिकारी भारत के शोषण के लिए ही उद्यत थे। जिससे भारत की निर्धनता बढ़ती ही जा रही थी। यहां के लोग कायर और गुलाम बनते जा रहे थे। अशिक्षा भी इन सब कारणों की जड़ मे. थी।

अंग्रेजी शासन के समक्ष गोपालकृष्ण गोखले की कार्य-पद्धति यही थी कि अपनी बात को तथ्यों व तर्कों से सिद्ध किया जाए। अंग्रेज शासका. की न्यायप्रियता व स्वच्छ आचरण के प्रति गोखले बहुत ज्यादा आशान्वित थे। वह यह मानते थे कि अंग्रेजों को सुधारना ज्यादा कठिन नहीं है। उन्हा.ने इस महत्वपूर्ण कार्य को करने की पूरी कोशिश की। गोखले असाधारण आशावादी, भर्त्सनाहीन और लालच-प्रशंसा से कोसा. दूर थे।

भारतीय बजट के सम्बन्ध मे. दिए प्रथम भाषण मे. एक ओर तो उन्हा.ने काराधान के बढ़ते चक्र के कारण हुए अन्याय पर और दूसरी ओर बढ़ती गरीबी पर सरकार का ध्यान आकर्पित किया। लार्ड कर्जन की सरकार बजट मे. अधिशेष से आत्म संतुष्ट थी। पर गोखले ने यह साबित कर दिया कि यह अधिशेष नाम नाम मात्र का था। पौडों से रुपये का विनियम मूल्य सन् 1894-95 मे. 13.1 था। 1895-96 मे. यही मूल्य 13.6 प.स था। 1896-97 मे. 14.4 पेंस। 1897-98 मे. 15.3 पेंस था।1898-99 मे. यह मूल्य 16 पेंस पर स्थिर हो गया। गोखले ने कहा, "रुपये का विनियम मूल्य 13 पेंस से बढ़कर 16 पेंस हो जाने से सरकार को केवल गृह प्रभावों से ही पांच करोड़ रुपए कि बचत है। इस आधार पर ही चार-पांच सालों को अधिशेष का पता चलता है।" इस प्रकार गोखले ने यह साबित कर दिया कि अधिशेष रकम सरकार को मिली नहीं मात्र रुपये कि मूल्यवृद्धि हो गई है। उसी कारण सरकार और अधिक कर लगाकर जनता को लूट रही है।

अगले साल बजट के अवसर पर गोखले ने पुनः इस प्रसंग को उठाया और कहा कि सन् 1898 और 1903 के बीच के समय सरकार को 22 करोड़ रुपये कि बचत हुई है। परन्तु इसी अवधि मे. सरकार ने चालू राजस्व मे. 11 करोड़ रुपये की असाधारण वृद्धि की है। गोखले के अनुसार अधिशेष 33 करोड़ रुपये रहने चाहिए। इस स्थिति मे. सरकार को नमक शुल्क कम कर देना चाहिए। आयकर सीमा 500 रुपये से बढ़ा कर हजार रुपये कर दी जाए। गोखले के तर्कों को स्वीकार कर सरकार ने बजट मे. नमक तथा अन्य करों मे. कुछ कमी स्वीकार की। परन्तु सुती वस्त्र उत्पादन

शुल्क मे. सरकार ने कोई फेर बदल नहीं किया। इस रियायत का श्रेय गोखले और कांग्रेस पार्टी को दिया जाना चाहिए।

सूती वस्त्र उत्पादन मे. भारत सरकार अंग्रेजी मिलों की एजेंट मात्र थी। मानचेस्टर और लंकाशायर के कपड़ा मिलों के हित मे. ही अंग्रेज सरकार ने निर्बन्ध व्यापार नीति का समर्थन किया था।भारतीय सूती वस्त्र उद्योग भी अच्छी स्थिति मे. था। भारतीय वस्त्र उद्योग पर दबाव डालने के कारण ही सरकार ने सूती वस्त्रों पर उत्पादन शुल्क लगाया था। जिससे इंग्लैंड का वस्त्र उद्योग भारतीय वस्त्र उद्योग के समान स्थिति पर आ गया। जब कि भारतीय वस्त्र उद्योग अपने प्रारम्भिक दौर मे. था। उस समय किसी भी जनप्रिय सरकार का यह धर्म था कि वह उस नये उद्योग की सहायता के लिए संरक्षणात्मक शुल्क लगा दे। उन दिनों भारत इंग्लैंड को अनाज निर्यात करता था, जिस पर उत्पादन शुल्क नहीं लगा कर सरकार ने अन्याय ही किया था।

सन् 1903 के बजट भाषण मे. अन्य महत्वपूर्ण प्रसंग कई उदाहरण देकर की थी जिनमे. सैनिक व्यय, सिविल सेवाओं मे. भेदभाव, प्राथमिक शिक्षा की उपेक्षा प्रमुख थी। गोखले ने बची हुई धनराशि पर सैनिक खर्च की सख्त निंदा की। इसके अलावा गोखले ने सरकार द्वारा भारत के विकास पर खर्च किए जाने की बात झूठी ठहराई। उन्हा.ने यह भी सिद्ध कर दिखलाया, भारत मे. प्रति बच्चा शिक्षा पर 8 पेंस खर्च कर रही थी। जबकि इंग्लैंड मे. प्रति बच्चा 60 पेंस खर्च हो रहा है। सरकार को गोखले ने इस तरह निरुत्तर कर दिया। जिससे सरकार को अपनी प्रतिष्ठा मे. कमी होती हुई महसूस होने लगी थी।

सन् 1904 मे. गोखले को अपनी असाधारण समीक्षात्मक प्रतीभा दिखलाने का बहुत कम अवसर मिला। इस वर्ष के बजट मे. 6.72 करोड़ का अधिशेष था जिसमे. 2.65 करोड़ रुपये प्रांतीय सरकारों को विशेष अनुदानों के रूप मे. दिए गए थे। भारतीय बजट के इतिहास मे. यह अभूतपूर्व बजट था। यह परिवर्तन स्पष्टत: विनियम दर से होने वाला परिणाम-भर था। रुपये का मूल्य 13 पेंश से बढ़कर 18 पेंस हो गया। इस तरह गृह प्रभारों कि मद मे. 5 करोड़ रुपये की बचत हो गई। जिसमे. अफीम के राजस्व मे. भी बढ़ोतरी हो गई। इस तरह 1904 मे. 5 करोड़ रुपये गृह प्रभागा. से बचत थी। साढ़े तीन करोड़ रुपये का अतिरिक्त राजस्व अफीम से बच गया था।

गोखले ने सरकार का ध्यान बढ़ती हुई महंगाई की ओर दिलाया,

उन्हा.ने फिर सूती कपड़ों, नमक से उत्पादन शुल्क हटाने की मांग की। इस वर्ष उनकी नई मांग बम्बई, मद्रास व उत्तर-पश्चिम प्रांत भू-राजस्व मे. कमी करने की भी। क्योंकि बढ़ता हुआ भू-राजस्व उन लोगा. के लिए संकट का कारण बन गया था। इस क्षेत्र की आम जनता एक ओर अकाल से पीड़ित थी, दूसरी ओर उसके ऊपर महंगाई का बोझ बढ़ रहा था। इन लोगा. को इस पर मद्यपान की आदत बढ़ती जा रही थी। इस बजट भाषण के अवसर पर ही गोखले ने आयात-निर्यात नीति पर भी जोर दिया, जिसके ऊपर बाद मे. ध्यान दिया गया।

सन् 1905 मे. वायसराय तो वहीं रहे, परन्तु वित्त विषयक सदस्य बदल गये थे। सर एडवर्ड ला के स्थान पर सर एवर्ड बेकर वित्त विषयक कमेटी के सदस्य बन गए थे। इस बजट मे. धन अधिशेष था। नए वित्त सदस्य ने अपनी वित्तीय विवरण मे. सिद्धांता. की पकड़ और जिस प्रारंगता का परिचय दिया था, गोखले ने इसके कारण उसकी बहुत सराहना की थी। गोपालकृष्ण गोखले ने आगे कहा, जनता को पौने चार करोड़ रुपये की अतिरिक्त छूट देने तथा अन्य सामान्य दशा म. सरकार द्वारा सुधार लाने पर वह जनता की ओर से उन्ह. हार्दिक धन्यवाद देते हैं। गोपालकृष्ण गोखले के सदप्रयासा. से सरकार ने 8 आने मन और कमी कर दी, कम वेतन पाने वाले पुलिस कर्मी के वेतना. मे. वृद्धि की। अकाल सम्बन्धी उपकर बन्द किया, डाक दर मे. कमी की। 35 लाख रुपये की रकम प्राथमिक शिक्षा, कृषि अनुसंधान पर अधिक खर्च करने के लिए, प्रांतीय सरकार को अनुदान दिया गया। जिला. को भी तीन लाख रुपये का अनुदान दिया गया था।

अगले बजट के समय तक लार्ड कर्जन जा चुके थे और लार्ड मिंटो इम्पीरियल लेजिस्लेटिव कौंसिल के अध्यक्ष थे। गोखले ने इस बजट सत्र मे. भी अपने सुझाव रखे थे। इनमे. एक सुझाव स्वर्ण आरक्षित निधि के उपयोग के बारे मे. कहा संचित वार्षिकी मे. उसका 2½ पर निवेश करके फिर उसी समय 3½ प्रतिशत पर ऋण के रूप मे. ले लेने के बदले अधिक ब्याज पर किसाना. को उपलब्ध करा दिया जाए। सैनिक पुनर्गठन पर भी उन्हा.ने बल दिया। खस का खतरा अब टल चुका था। आंग्ल-जापानी गठबंधन पर भी हस्ताक्षर हो चुके थे। सभी ओर से, युद्ध की ओर से शान्ति थी। इस कारण सैन्य पुनर्गठन पर तीन करोड़ रुपये खर्च बेकार ही था। अतः उनका यह सुझाव तर्कसंगत था। इसके अलावा इंग्लैंड की सरकार का भारतीय

जनता पर अविश्वास था। जिसके कारण कई क्षेत्र की जनता को सैनिक सेवा से अलग रखा जाता था।

सन् 1912 मे. गोखले का बजट भाषण बहुत संक्षिप्त था। उसमे. उन्हा.ने तत्कालीन वित्त सचिव सर जेम्स मेस्टन और गाईफ्लीट वुड विल्सन द्वारा कि गई सेवा की सराहना की थी। दिल्ली के नई राजधानी बनने के कारण उन्हा.ने सरकार को हार्दिक बधाई दी। वित्तीय मामला. मे. गोखले ने केवल एक शाही आयोग की स्थापना की जो अफीम से होने वाली आय की समाप्ति के कारणा. से अलग आय के नये स्त्रोत ढूढ़े।

इम्पीरियल लेजीस्लेटिव कौंसिल मे. गोखले ने ऐतिहासिक कार्य किया। उसके समुचित सुफल के रूप मे. उन्ह. विरोधी पक्ष के नेता की गौरवमयी उपाधि प्राप्त हुई।

कांग्रेस अध्यक्ष

अंग्रेज सरकार से क्षमा मांगने का सबसे ज्यादा नुकसान, गोपालकृष्ण गोखले को कांग्रेस पार्टी मे. हुआ था। इस कारण 1897 मे. हुए अमरावती कांग्रेस अधिवेशन मे. उन्ह. मंच पर बैठने की अनुमति नहीं मिली। ना ही उन्ह. किसी प्रस्ताव पर अपने विचार प्रकट करने व प्रस्ताव रखने तक के लिए भी कहा गया। जिसका गोखले पर बहुत प्रभाव पड़ा, उन्हा.ने मन ही मन सोच लिया कि यदि कांग्रेस को उनकी आवश्यकता नहीं है तो वह भी अपने आपको कांग्रेस पर थोप.गे नहीं।

सन् 1904 के कांग्रेस अधिवेशन मे. गोपालकृष्ण गोखले को कांग्रेस का मंत्री चुना गया। भारत और इंग्लैंड की सरकार, भारत सरकार मे. व कांग्रेस मे. भी गोखले का भरपूर सम्मान था। इसलिए पार्टी को यह उम्मीद थी कि बंग भंग के खिलाफ सरकारी नीति मे. गोखले कोई महत्त्वपूर्ण परिवर्तन ला सक.गे जिससे गरम दल वाला. मे. एकता बनी रहेगी।

सन् 1904 मे. ही सर विलियम बेडरवन ने कांग्रेस अधिवेशन मे. प्रस्ताव रखा कि इंग्लैंड के आम चुनाव मे. भारत के भी कुछ प्रतिनिधि जाए। लोकमान्य तिलक ने इस प्रस्ताव का समर्थन किया। लाला लाजपत राय और गोपाल कृष्ण गोखले 16 सितम्बर 1605 को इंग्लैंड यात्रा पर चले गए।

गोपालकृष्ण गोखले ने उदार दल की सभाआ. मे. 50 दिना. मे. उन्हा.ने 45 सभाआ. मे. लगातार भाषण दिए। प्रतिदिन अठारह-अठारह घंटे लगातार काम किया। जिसका नतीजा यह हुआ कि उनका गला सूख गया और पानी के जहाज मे. ही डॉक्टरा. को गले का ऑपरेशन करना पड़ा।

गोखले ने सभी स्थाना. मे. भारत का जोरदार समर्थन कर डालने का

प्रयास किया। उन दिना. कांग्रेस विलायती सूती कपड़ा. का जो बहिष्कार कर रही थी। गोखले ने लंदन की जनता को लंकाशायर व मानचेस्टर के मिल मजदूरा. को अंग्रेजा. की अन्याय-ग्रस्त नीतिया. के बारे मे. बतलाया। उन्हा.ने बंग भंग के कार्य को भी अनुचित बतलाया। जिसके प्रतिकार मे. भारत के लोगा. का विदेशी कपड़ा खरीदने का निर्णय अनुचित नहीं है। उनके भाषणा. का वहां की जनता पर अनुकूल प्रभाव पड़ा। भारतीय पक्ष को हानि ना पहुंचे इसलिए गोखले ने इंग्लैंड से प्रकाशित 'इंडिया' नामक पत्रिका को आर्थिक सहायता दिलवाई।

5 दिसम्बर 1905 को गोखले इंग्लैंड से वापस लौटे। इंग्लैंड मे. गोखले की चाहे जितनी प्रशंसा हुई हो। बम्बई मे., बम्बई प्रेसीड.सी ऐसोशियन से भी उनको सम्मानित नहीं किया गया। उक्त एसोसिएशन के प्रधान फिरोजशाह मेहता उनको जहाज पर रिसीव करने तक नहीं गए। इसका कारण गोखले द्वारा सर्वेंट्स ऑफ इंडिया ऐसोसिएशन की स्थापना थी।

सन् 1905 मे. बनारस मे. कांग्रेस अधिवेशन हुआ जिसके अध्यक्ष गोपालकृष्ण गोखले थे। इसमे. भी फिरोजशाह मेहता व उनके सहयोगी शामिल नहीं हुए।

बालगंगाधर तिलक ने पूना मे. एक सार्वजनिक समारोह का आयोजन कर गोखले को सम्मानित किया। इस समारोह मे. गोखले कि असाधारण सेवाआ. की भूरि-भूरि प्रशंसा की गयी। सदा एक दूसरे से असहमत रहने वाले लोकमान्य तिलक और गोखले बंग भंग के कारण एक हो गये थे। तिलक ने अपने समाचार-पत्रा., 'केसरी' और 'मराठा' के माध्यम से गोखले का एक रंगीन चित्र भी प्रकाशित किया था।

पर गोखले का सबसे उचित सम्मान उन्ह. 1905 के कांग्रेस अध्यक्ष पद तक पहुंचाने का था। गोखले ने अपनी कम उम्र का हवाला देकर इस सम्मानित पद को सम्भालने मे. असमर्थता भी जतलाई पर कांग्रेस स्वागत समिति ने उनकी एक ना सुनी और इस गौरवशाली पद पर गोखले जा ही पहुंचे। उनके पास कांग्रेस अध्यक्ष पद सम्भालने के सभी उत्तम गुण मौजूद थे, यानी संतुलित मस्तिष्क, मधुर स्वभाव, देश सेवा का असाधारण गौरव। उनसे अधिक गुणवान व्यक्ति कौन था जो कांग्रेस अध्यक्ष बन सकता था।

उस समय गोखले के सामने सबसे कठिन कार्य, लार्ड कर्जन द्वारा बंग भंग की नीति के कारण हो रहे संघर्ष मे. संतुलन बनाए रखना था। बंगाल ने अंग्रेज शासन के विरुद्ध वीर भावना का परिचय दिया था। अंग्रेजा. का उद्देश्य हिन्दू और मुसलमाना. को बांटना था। पूर्व बंगाल मे. मुसलमाना. की

अधिक संख्या देखकर अंग्रेज ने फूट डालो और राज्य करो की नीति अपनाई थी। बंगाल का आकार इतना बड़ा था कि शासन के लिए दो भाग करना उपयोगी था। पर अंग्रेजों का विभाजन के पीछे उद्देश्य पूरी तरह राजनीतिक था।

जिसका नतीजा खुद लार्ड कर्जन के लिए भी कम दुखदाई नहीं हुआ। बंग भंग के विरोध मे. 500 से अधिक सभाएं हुई। 60000 व्यक्तिया. के हस्ताक्षरों सहित ज्ञापन इंग्लैंड भेजा गया। भारत के प्रधान सेनापति लार्ड किचनर इस विषय पर अलग विचार रखते थे। जिसके कारण लार्ड कर्जन ने अपना इस्तीफा दे दिया पर इससे पूर्व अगस्त 1905 को शिमला मे. इम्पीरियल लेजीस्लेटिव कौंसिल के अधिवेशन मे. यह विधेयक पारित हो गया व अक्टूबर से उसे लागू करने का फैसला हो गया। उस दिन से बंगाल मे. शोक दिवस मनाया जाने लगा।

बनारस कांग्रेस अधिवेशन बहुत गर्मागर्म माहौल मे. सम्पन हुआ। सारे कांग्रेस जन अब इस संकटपूर्ण स्थिति मे. गोपालकृष्ण गोखले से मार्गदर्शन चाहते थे। गोखले ने अपने अध्यक्षीय भाषण मे. जहां प्रिंस ऑफ वेल्स व प्रिंसेस तथा नये वायसराय लार्ड मिंटा. का भारत मे. स्वागत किया। वहीं उन्हा.ने लार्ड कर्जन की तुलना औरंगजेब से की क्या.कि दोना. का ही शासन बहुत व्यक्तिगत और अधिक क.द्रीकृत था। लार्ड कर्जन महान होते हुए भी सहानुभूतिपूर्ण दूरदृष्टि के अभाव मे. भारतवासिया. को समझ पाने मे. असमर्थ रहे। ग्लेड स्टोन का सिद्धांत था "मानव प्रगति के साधन के रूप मे. स्वाधीनता का कोई स्थान नहीं है।" इस पर गोखले ने स्पष्ट कहा, लोक-हित की आशा मे. अब शासन का सहयोग करने को उनका अंतिम नमस्कार है।

रानाडे ने एक स्थान पर कहा था "मनुष्य की मेधा को मुक्त करके, उसके कर्तव्या. को ऊंचा उठाकर उसके शक्तिया. का पूर्ण विकास करके सम्पूर्ण मानव का कायाकल्प कीजिए, उसे पवित्र कीजिए, उसे पूर्ण बनाइए।"

भाषण के अंत मे. गोखले ने जो अंग्रेजी कविता पढ़ी उसका अनुवाद है...।

जो कहता है-
मैंने पूर्णिता चाही-
पर यौवन ने अर्द्धांश दिखाया
प्रभु पर भरोसा करो। पूर्ण देख लो
उसे नहीं!

गोखले के इन अंतिम शब्दा. मे. जो भविष्यवाणी छिपी हुई थी, उसे असहयोग आन्दोलन कर गांधी ने सिद्ध किया था।

यों तो बंगाल के युवक कांग्रेस के सामने प्रस्ताव लाए थे जिसमे. प्रिंस ऑफ वेल्स की भारत यात्रा के बहिष्कार का प्रस्ताव था। विदेशी माल के बहिष्कार मे. कांग्रेस के नेताआ. मे. ही मतभेद हो गया। सुरेन्द्रनाथ बनर्जी इन दोना. प्रस्तावों के विरोधी थे। जबकि तिलक इसके पक्ष मे. थे। बाद मे. गोखले के प्रयासा. से सुरेन्द्रनाथ बनर्जी की असहमति दूर हो गई।

कांग्रेस का यह अधिवेशन जब समाप्त हुआ तब भी इसके प्रतिनिधि प्रत्यक्ष रूप से हुए समझौते के बाद भी असंतुष्ट थे। बनारस अधिवेशन मे. जो संदेह के बीज बो दिये गए थे उनका उदय सूरत अधिवेशन मे. हुआ।

अनिवार्य शिक्षा के पक्षधर

वित्तीय मामला. के अतिरिक्त गोपालकृष्ण गोखले ने इम्पीरियल असेम्बली मे. सरकारी गोपनीय बातचीत अधिनियम, राजद्रोहात्मक सभाआ. के सम्बंध मे. अधिनियम और प्रेस विधेयक जैसे महत्वपूर्ण विषया. पर अपने विचार प्रकट किए।

सन् 1903 मे. श्री एन. टी. अरुंदेल ने 1899 के सरकारी गोपनीय कानून के विषय मे. एक संशोधन प्रस्तुत किया, गोखले ने इस संशोधन का कड़ा विरोध किया। यह अधिनियम भारत मे. पास नहीं हुआ था। भारत सहित सभी अधीनस्थ देशा. मे. यह लंदन से ही ब्रिटिश हाउस ऑफ कामंस से ही पास होकर लागू हो गया था। या. तो यह सैनिक गोपनीयता पर था, जिस पर गोपालकृष्ण गोखले को कोई आपत्ति नहीं थी। पर अब इसी कानून को संशोधित कर असैनिक कानून बनाया जा रहा था। इस कानून मे. प्रत्येक उस व्यक्ति को अपराधी ठहराया जा रहा था जो बिना सरकारी अधिकार के किसी दफ्तर से कोई सरकारी जानकारी ले लें। इस तरह तो छोटा-सा समाचार भी 'सीक्रेट' कहा जा सकता था। क्या.कि 'सीक्रेट' शब्द की कोई साधारण परिभाषा नहीं थी। इस कानून के लिए प्रांतीय सरकार. भी खिलाफ थी क्योंकि यह कानून पूरी तरह व्यवहारिक नहीं था।

यह कानून समाचार-पत्रा. और सार्वजनिक हित के नीतिगत विरोध मे. था। एक तरह से यह समाचार-पत्रा. पर प्रतिबंध लगाने का सीधा प्रयास था।

नवम्बर 1907 मे. सरकार ने प्रवर समिति की वह रिपोर्ट प्रस्तुत की, जिसमे. सभाआ. पर रोक लगाने की व्यवस्था की गयी थी। उस समय बंगाल तथा अन्य प्रांता. मे. सरकार के प्रति विद्रोह की भावना फैल रही थी।

जिससे घबराकर सरकार ने असामान्य अधिकारा. द्वारा जनता को दबाने की चेष्टा की थी।

गोखले ने इस विरोध का जवाब देते हुए कहा, "इस रोग का इलाज दमन नहीं मेल-मिलाप है। यह भयानक विधेयक है, इसके सुधार का उपाय इस विधेयक का परित्याग ही है। क्या.कि भारत मे. भी यह अन्य देशा. की भांति असफलता का मुंह देखने वाला था। पर गोखले के प्रयासा. के बावजूद सरकार उसे अपने सदस्या. के बलबूते पर पास करा ही ले गई। 1910 और 1911 के बीच इस विधेयक की अवधि फिर बढ़ा दी गई जबकि गोखले ने इसका उस दौरान भी विरोध ही किया।

प्रेस विधेयक के खिलाफ गोखले ने बहुत अहम-सी भूमिका निबाही थी। उन्हा.ने इस विधेयक के विरुद्ध विरोध प्रकट किया और यह भी तर्क दिया, ''समाचार-पत्रा. की प्रगति मे. यह विधेयक बाधक सिद्ध होगा। गलत समाचार को छापने के विरुद्ध भारतीय दंड संहिता है। फिर समाचार-पत्रा. के बिना प्रगति सम्भव नहीं है, उन्हा.ने राष्ट्रीय चेतना को तीव्र किया है, न्याय, समानता, लोक भावना, सार्वजनिक कर्तव्या. मे. अभिवृद्धि की है। इस कारण इस तरह का विरोध अवांछनीय है।"

गोपालकृष्ण गोखले के इस विधेयक के विरुद्ध वोट ना देने के कारण फिरोजशाह मेहता उनसे सख्त नाराज थे, बाद मे. प्रख्यात पत्रकार सी० वाई० चिंतामणी ने इस घटना पर प्रकाश डाला जिसकी पुष्टी एस० पी० सिन्हा ने की थी।

सन् 1910 के क्रिसमस गोखले कांग्रेस के उक्त अधिवेशन मे. भाग लेने इलाहाबाद गए थे जिसकी अध्यक्षता सर विलियम बेडरबर्न ने की। उन्हीं दिना. सी० वाई० चिंतामणी ने अपने पत्र मे. लीडर प्रेस विधेयक के विरुद्ध समाचार प्रकाशित किए थे।

उस समय एस० पी० सिन्हा गवर्नर जनरल की कार्यसमिति के सदस्य थे, जो कि पहले भारतीय सदस्य थे। श्री सिन्हा को विधि विभाग का काम सौंपा गया था जो कि काफी महत्वपूर्ण विभाग है। इस विभाग के सदस्य होने के कारण विधि विभाग से सम्बन्धित सभी विधेयक श्री एस० पी० सिन्हा के पास आते थे। प्रेस विधेयक भी उनके पास ही से गुजरा था। पर उस विधेयक पर उनकी सम्मति नहीं थी और उन्हा.ने अपनी यह अप्रसन्नता गवर्नर जनरल तक पहुंचा दी थी। श्री सिन्हा के खिलाफ होने के बावजूद, यह विधेयक पेश हुआ। सिन्हा ने अंततः वायसराय लार्ड मिंटो को अपना त्याग पत्र दे दिया, जिससे लार्ड मिंटो असमंजस की स्थिति मे. फंस गए,

उन्हा.ने किसी भी तरह सिन्हा का त्याग पत्र वापस दिलवाने को कहा, उनके निजी सचिव ने गोपालकृष्ण गोखले और सर लार.स जेकिंस से प्रार्थना की कि वह श्री एस० पी० सिन्हा को त्यागपत्र ना देने के लिए समझा दे। क्या.कि लार्ड मिंटो अच्छी तरह जानते थे कि इस स्थिति मे. सरकार की बहुत बदनामी होगी जिसका असर इंग्लैंड की जनता पर भी पड़ेगा।

सर लारेंस जेकिंस और गोपालकृष्ण गोखले भी सिन्हा को त्यागपत्र ना देने पर तब तक राजी न कर सके जब तक कि उक्त विधेयक मे. परिवर्तन ना हो जाए। वायसराय लार्ड मिंटो उक्त परिर्वतन करने को तैयार हो गए। मूल विधेयक केवल भारतीय समाचार-पत्रा. पर लागू होना था। पर संशोधन मे. इसे आंग्ल भारतीय समाचार-पत्रा. पर भी लागू कर दिया गया। इसी तरह विधेयक का उल्लंघन करने पर जमानत राशि जमा करने और सुप्रीम कोर्ट तक कानूनी प्रावधान बनाया गया।

वायसराय लार्ड मिंटो ने जब सारे संशोधन स्वीकार कर लिए तब श्री सिन्हा ने अपना त्यागपत्र वापस लेने के नई शर्त रखी कि गोपालकृष्ण गोखले विधेयक के समर्थन मे. उनका साथ द.। गोखले इसके लिये तो तैयार नहीं हुए। पर उन्हा.ने इस विषय मे. तटस्थ रहने का फैसला कर लिया। जिससे सिन्हा संतुष्ट हो गये और उन्हा.ने अपना त्यागपत्र वापस ले लिया।

दिसम्बर 1903 मे. विश्वविद्यालय विधेयक पेश किया गया। तब गोखले का प्रबुद्ध रूप मुखरित हो गया। क्योंकि इस विधेयक से ऐसा लग रहा था कि सरकार को विश्वविद्यालय व कॉलेज राजद्रोह के अड्डे लग रहे थे। अत: उन पर सरकारी नियंत्रण की आवश्यकता है।

इधर शिक्षित वर्ग भी असंतुष्ट था। प्रबुद्ध भारतीया. को विदेश मे. भी अंग्रेजा. के समान उच्च वेतन प्राप्त नहीं हो रहा था। अनेक सुयोग्य व्यक्तियों को नौकरियां नहीं मिल पा रही थीं। इन सभी कारणा. से प्रबुद्ध वर्ग असंतुष्ट था जिससे कुछ लोग क्रांतिकारी गतिविधिया. का साथ देने लगे थे। सरकार इसी कारण सिंडीकेटा. और सीनेटा. का सरकारीकरण करना चाहती थी।

गोपालकृष्ण गोखले ने इस विधेयक का सख्त विरोध किया। उन्हा.ने इस विधेयक से कई संविधानिक आपत्तियां उठाई। एक आपत्ति थी विधेयक मे. सीनेट मे., अध्यापका. का निर्वाचन समाप्त कर देना। सीनेट का आकार छोटा कर देना। निर्वाचित सदस्या. की संख्या कम कर देना और नामजद सदस्या. की संख्या बढ़ा देना व सदस्या. का कार्यकाल पूरे पांच वर्ष कर देना। गोखले के अनुसार इस विधेयक द्वारा प्रबंध से भारतीय अध्यापका.

का प्रभुत्व समाप्त हो जाएगा जो कि सरकार चाहती भी थी।

जबरदस्त विरोध के बावजूद विधेयक पास हो गया। विभिन्न विश्वविद्यालयों के कुलपतियों द्वारा अधिनियमों का परिपालन करने के लिए विज्ञप्ति जारी कर दी गई, जो कि अवैध थी। जिन्ह. वैधता प्रदान करने के लिए सरकार ने फिर विधेयक पेश किया, जिसका गोखले ने दोबारा विरोध किया। इसके साथ गोखले ने इस बात पर दुःख प्रकट किया कि सरकार न्याय के अधिकार व शक्ति क्षेत्र मे. हस्तक्षेप कर रही है। उन्हा.ने सदस्यता व औचित्य का सवाल भी उठाया, जिसपर सरकार ने कोई ध्यान नहीं दिया। गोखले और अन्य सरकार समर्थका. को अब स्पष्टत: महसूस हो गया कि सरकार की जिस उदारता पर उन्ह. विश्वास था वही अपने शासिता. पर अपना प्रभुत्व जमा रही थी।

18 मार्च 1910 को गोखले ने इम्पीरियल लेजेस्लेटिव कौंसिल के सामने यह प्रस्ताव रखा कि पूरे देश मे. अनिवार्य प्राथमिक शिक्षा नि:शुल्क बनाने की दिशा मे. कार्यारम्भ कर दिया जाए व इस सम्बन्ध मे. गैर-सरकारी और सरकारी सदस्यों का एक आयोग बनाया जाना चाहिए। गोखले ने अपने जोरदार भाषण मे. विश्व के सभी महान देशा. के प्रारम्भिक शिक्षा के इतिहास का उदाहरण देकर जापानी ढ़ग अपनाने की सलाह दी। उन्हा.ने आकड़ा. द्वारा प्राथमिक शिक्षा के क्षेत्र मे. सरकार की लापरवाही का लेखा-जोखा प्रस्तुत किया। उन्हा.ने यह साबित किया कि 25 वर्ष कि अवधि मे. प्राथमिक स्कूल मे. जाने वाला. की संख्या मे. मात्र 1.2 प्रतिशत से 1.9 प्रतिशत की वृद्धि हुई है। उक्त अवधि मे. सार्वजनिक निधियां प्रांतीय, म्युनिसिपिल और स्थानीय मे. से प्राथमिक शिक्षण पर किए जाने वाले व्यय मे. केवल 57 लाख की वृद्धि की गयी है। 1910 मे. इस कार्य पर 93 लाख रुपये खर्च हुए थे। इसी अवधि मे. भू-राजस्व मे. सरकार ने 9 करोड़ रुपये की वृद्धि हुई और सैनिक व्यय 19 करोड़ से बढ़कर 32 करोड़ रुपये तक जा पहुंचा।

स्थिति मे. सुधार लाने के लिए गोखले ने अनेक रचनात्मक सुझाव दिए, उन्हा.ने कहा कि स्कूल जाने वाले बच्चा. की संख्या चौगुनी होनी अनिवार्य है। अत: शिक्षा पर होने वाले व्यय भी चौगुना ही होना चाहिए। गोखले का सुझाव था कि इस खर्च का दो तिहाई भाग सरकार दे और बाकी स्थानीय निकाय खर्च कर.। इस तरह सरकार को केवल 2/3 करोड़ रुपये और खर्च करना होगा। गोखले ने यहां तक कहा, यदि यह वृद्धि बीस साल मे. भी पूरी हो जाए तो भी उन्ह. संतोष होगा।

गोखले ने कहा 6 से 10 वर्ष के बीच के बच्चों के लिए शिक्षा अनिवार्य कर दी जाए। अनिवार्यत: का सिद्धांत वहां लागू हो जहां जनसंख्या का 33 प्रतिशत स्कूल जाता हो। व्यवहारिक कठिनाइया. के आधार पर लड़किया. को अनिवार्य शिक्षा मे. छुट दी जाए व जहां अनिवार्य लागू हा. वहां शिक्षा नि:शुल्क हो और इसका खर्च, सरकार व स्थानीय निकाय 1 और 2 के अनुपात मे. बांट ले। गृह विभाग मे. एक अतिरिक्त सचिव शिक्षा के पद के लिए जोड़ा जाए। हर साल काम म. हुई प्रगति का विवरण दिया जाए।

गोखले के इस प्रस्ताव पर सरकार ने कहा कि वह शिक्षा के मामले पर पूरी तरह गम्भीरता से विचार कर योजना बना रही है पर सरकार ने दो साल तक जब कोई कदम नहीं उठाया तब गोखले ने फिर इस आशय का प्रस्ताव रखा और कहा कि, "यह लज्जा और कलंक की बात है कि अपने उन्नत सभ्यता के बावजूद भारत मे. अनिवार्य शिक्षा प्रारम्भ नहीं कि गई है। जबकि इंग्लैंड जैसे पिछड़े देश मे. इसे प्राथमिकता के आधार पर लागू किया गया था और भारत जैसे पिछड़े देश मे. प्राथमिक शिक्षा ऐच्छिक थी। प्रत्येक 7 बच्चा. मे. 5 निरक्षक थे, प्रत्येक 5 गांवों मे. से 4 मे. अब भी कोई स्कूल मौजूद नहीं था।

18 मार्च 1912 को उन्हा.ने यह प्रसंग दोबारा उठाया जिसमे. उक्त विधेयक प्रवर समिति को सौंपने का सुझाव दिया।

27 फरवरी 1912 को गोखले ने इम्पीरियल लेजेस्लेटिव कौंसिल मे. एक प्रस्ताव रखा... जिसमे. जिला सलाहकार परिषदा. की स्थापना पर जोर दिया गया था। उनका प्रस्ताव था जिलाधीश को एक गैर सरकारी सलाहकार समिति की सिफारिशा. की सेवा मिलनी चाहिए ताकि वह अपने फैसले शीघ्र दे सक.।

गोखले चाहते थे कि ग्राम पंचायत. फिर अस्तित्व मे. आ जाय.। स्थानीय और म्युनिसिपल बोर्ड लोकप्रिय बनाये जाएं, उन्ह. अधिक साधन सुलभ हा.। इस विषय पर गोखले व तिलक एकमत थे। इन बाता. पर सरकार सोचने पर बाध्य हुई।

आगे चलकर गोपालकृष्ण गोखले ने मद्रास व इलाहाबाद मे. सर्वेंट ऑफ इंडिया सोसायटी की स्थापना की और प्राथमिक शिक्षा आंदोलन को सारे देश मे. लागू करने का फैसला कर लिया। गोखले सरकार के हर काम का विरोध नहीं करते थे बल्कि रचनात्मक सुझाव देने मे. या काम करने पर विश्वास करते थे।

सर्वेंट्स ऑफ इण्डिया के संस्थापक

गोपालकृष्ण गोखले ने सर्वेंट्स ऑफ इण्डिया सोसाइटी की स्थापना देश की सेवा और नि:स्वार्थ व योग्य कार्यकर्त्ताआ. की आवश्यकता को देख कर किया था।

आजकल सार्वजनिक सेवा के लिए जो संस्थाएं कार्यरत दिखलाई पड़ती हैं। स्वतंत्रता पूर्व इनका अस्तित्व दिखलाई नहीं पड़ता था। ईसाई मशनरिया. ने ही शिक्षा और चिकित्सा के क्षेत्र मे. अपना कार्य आरम्भ किया था। ईसाई मिशनरिया. के अच्छे काम के पीछे लोगा. को धर्म प्रचार की बू आती नजर आ रही थी। इस वजह से दक्कन एजुकेशन सोसायटी जैसी भारतीय संस्थाआ. का जन्म हुआ था।

12 जून 1905 को पूना मे. शिवहरि राम साठे ने सर्वेंट्स ऑफ इंडिया सोसायटी संस्था की आधारशिला रखी। श्री साठे गोखले के सार्वजनिक सभा के सहयोगिया. मे. से एक थे। इस सोसायटी के पहले सदस्या. ने सुबह फर्ग्युसन कॉलेज के प्रांगण मे. जहां सोसायटी का प्रारंभ कार्यालय था, एकत्र होकर, समाज सेवा का व्रत लिया। सबसे पहले गोखले ने समाज सेवा का व्रत लिया। इसके बाद नरेश अप्पा जी द्रविड, अन्ना विनायक पटवर्धन और जी. के. देवधर को व्रत दिलवाया गया। प्रत्येक व्यक्ति को सात शपथ ग्रहण करनी पड़ती थी। जैसे वह अपने देश को सर्वोच्च समझेगा, उसकी सेवा मे. प्राण न्यौछावर कर देगा। देश सेवा मे. व्यक्तिगत लाभ को नहीं देखेगा, सभी भारतवासियों को अपना भाई मानेगा, जाति समुदाय का भेद नहीं मानेगा। सोसायटी उसके तथा परिवार के लिए जो धनराशि देगी उससे वह संतुष्ट रहेगा व अधिक धन कमाने की

ओर ध्यान नहीं देगा। पवित्र जीवन बिताएगा, किसी से झगड़ा नहीं करेगा व सोसाइटी का अधिकतम संरक्षण करेगा तथा ऐसा करते समय सोसायटी के उद्देश्या. पर पूरा ध्यान देगा।

इस सोसायटी को जन्म देने का कारण गोखले का लक्ष्य था जंगल साफ कर लेने के बाद उस आधारशीला पर ऊपरी ढांचा तैयार करने का महान कार्य किया था। सोसायटी के संविधान मे. ब्रिटिश संबंध को भारत के हित साधन के लिए एक प्राकृतिक विधान मान लिया गया था। संविधान मे. चरित्र तथा क्षमता निर्माण पर अधिक जोर दिया गया था। उसमे. समाज के आध्यात्मिकरण पर विशेष जोर दिया गया था। हृदय देश प्रेम से ओत–प्रोत होना चाहिए, कि उसकी तुलना मे. सब कुछ तुच्छ जान पड़े। इन साधना. से सुसज्जित होकर कार्यकर्त्ता को अपने साधन पथ पर अग्रसर हो जाना चाहिए। ऐसा उच्च आदर्श था इस संस्था का।

गोपालकृष्ण गोखले स्वयं आध्यात्मिक ढांचे मे. ढले हुए थे। इसलिए सोसायटी को भी उसी तरह ढालना चाहते थे। यह ध्यान देने की बात है कि महात्मा गांधी ने भी सर्वेंट्स ऑफ इंडिया सोसायटी जैसे मिलते–जुलते उद्देश्य के कारण ही आश्रमा. की स्थापना की थी व उन्हा.ने खुद भी सोसायटी का सदस्य बनना चाहा। राजनीति के आध्यात्मिकरण के सम्बंध मे. गोखले के विचारा. को महात्मा गांधी ने अपने जीवन का मूलमंत्र स्वीकार कर लिया था।

गोपालकृष्ण गोखले ने सोसायटी के संविधान का मसौदा फिरोजशाह मेहता, सेल्वी जो फर्ग्युसन कॉलेज के प्रधानाचार्य थे को भेज दिया था। उन्हा.ने गोखले को बतलाया कि इस प्रलेख को गुप्त रखना बुद्धिमत्ता पूर्ण कार्य नहीं है व सोसायटी मे. प्रवेश पाने की पहली शर्त एक अंग्रेज के लिए रूसी गुप्त समिति के नियमा. के समान थी। गोखले ने यह नियम बदल डाला क्या.कि उसकी अवांछनीय व्याख्या की जा सकती थी। मेहता ने इससे भिन्न आपत्ति प्रकट की। उन्हा.ने गोखले को बतलाया कि वह सोसायटी की स्थापना करके एक श्रेष्ठतर जाति की सृष्टि का प्रयास कर रहे हैं।

तर्क और आपत्तियां कुछ भी रही हो, सर्वेंट्स ऑफ इंडिया सोसायटी की स्थापना तत्कालीन भारतीय इतिहास की महत्वपूर्ण घटना थी। इसने सिद्ध कर दिया कि गोखले सृजात्मक चिंतक थे। गोखले के सभी राजनीतिक कार्यों को एक तरफ रख दिया जाए तो भी सोसायटी की स्थापना द्वारा

गोखले ने जनता की जो सेवा की थी, वह उसकी प्रशंसा के अधिकारी थे।

सर्वेंट्स ऑफ इंडिया सोसायटी एक स्नातकोत्तर संस्था थी जहां प्रशिक्षण पाने वाले सदस्या. को समाजिक प्रसंगा. का गम्भीरतापूर्वक अध्ययन करना व लोगा. के सम्पर्क मे. आना था। दुखिया. को धैर्य बंधाना और संवैधानिक रीति से विदेशिया. के विरुद्ध युद्ध करना। अधिक वेतन पाने वाला. को भी अपना वेतन निर्धारित संख्या मे. रखकर बाकी रकम सोसायटी के पास जमा कर द.।

इस सोसायटी के कार्यों को देखकर यह कहा जा सकता है कि लगभग 80 वर्ष होने के बाद भी सर्वेंट्स ऑफ सोसायटी अपना कार्य ईमानदारी से कर रही है। इसके सदस्य आदिवासिया. की सेवा, मजदूर संघा. की अगुआ, विदेशा. मे. भारतीया., श्रमिका., बाढ़, अकाल, महामारी, भूकम्प पीड़ितों के लिए कार्य करते रहे। शिक्षालया. का द्वार महिलाआ. के लिए खोलने का पूर्ण कार्य भी इसी सोसायटी ने किया है। सरकारी समितियां कायम की है। इस सोसायटी के प्रतिनिधि पुरुषा. मे., श्रीनिवास शास्त्री, ठक्कर नापा, एम. एन. जोशी, जी. के० देवधर, एस. जी. बजे, एम. एन. कुंजरू को दंडराव, के. जी. लिमिए, बरवले व ए. डी. मणि ऐसे व्यक्ति रहे हैं जो गर्व करने लायक व्यक्ति है।

पूना के अतिरिक्त सोसायटी की, बम्बई, नागपुर, मद्रास, इलाहाबाद मे. शाखाएं थीं। पूना मे. अब गोखले स्कूल ऑफ पोलटिक्स एण्ड इकनामिक्स कार्यरत है।

धन की कमी गोखले के कार्य मे. कभी बाधक सिद्ध नहीं हुई। आवश्यकतानुसार धन एकत्र करना उनके लिए कभी कठिन सिद्ध नहीं हुआ। कुछ धनवानों ने तो उन्ह. ब्ल.क चैक दे दिए जिन पर वह जब चाहे मनमानी रकम भर सकते थे।

सन् 1905 मे. गोखले ने धन एकत्र कर रानाडे की याद मे. एक स्मारक बनाने के लिए एक लाख रुपये इक्ठा कर लिया। गोखले ने अपनी इच्छा के अनुरूप, 'रानाडे इकनामिक इंस्टीट्यूट' की स्थापना कर डाली। 1910 से यह संस्था कार्य करती रही जिसे कई सालों बाद पूना विश्वविद्यालय ने अधिग्रहित कर लिया।

सर्वेंट्स ऑफ इंडिया की स्थापना से जहां काफी लोग प्रसन्न थे वही ऐसे लोग की संख्या भी कम नहीं थी जो इसके भविष्य के बारे म. शंकित थे। जिनमे. तत्कालीन वित्त सदस्य सर भाई फ्लीट बुड विल्सन जैसे व्यक्ति

भी थे जिन्हा.ने अपने मित्र को लिखे पत्र मे. सोसायटी के कार्य पर व उद्देश्य पर शंका प्रकट की व इसके साथ साथ यह भी शंका प्रकट की कि कुछ दिना. बाद, सरकारी या म्युनिसिपेल्टी की नौकरिया. की तलाश मे. सोसायटी के सदस्य भटकते दिखलाई पड़ेग.।

पर लार्ड कर्जन की भांति फ्लीट बुड विल्सन भी भारतीय जन सम्मान को समझने मे. असमर्थ रहे। उन्हा.ने गोखले के सद्गुणों को समझने का प्रयास नहीं किया। इस सोसायटी के माध्यम से गोखले और उनके साथिया. ने अथक परिश्रम कर भारतीया. की सेवा की।

सूरत अधिवेशन मे.

सन् 1906 के कलकत्ता अधिवेशन के समय तक गरम दल अपनी बनारस की उपलब्धिया. को खोना नहीं चाहता था। अब लाला लाजपतराय उन्ह. कांग्रेस अध्यक्ष पद के लिए पूरी तरह उपयुक्त व्यक्ति लग रहे थे। इस विचार को नई पीढ़ी का समर्थन प्राप्त था। लोकमान्य तिलक ने जो गरम दल के समर्थक थे इस विचार का पूरा समर्थन किया। अरविंद घोष, विपिन चन्द्रपाल, तिलक इस विचारों के समर्थक थे।

सुरेन्द्रनाथ बनर्जी और फिरोजशाह मेहता, लाला लाजपतराय को कांग्रेस अध्यक्ष बनाने के सख्त खिलाफ थे। उनको डर था कि लाला लाजपतराय, कांग्रेस द्वारा अंग्रेजा. के प्रति बनाया गया जनमत, तुरन्त समाप्त कर द.गे। इस कारण लाला लाजपतराय का नाम छोड़ दिया गया।

स्वागत समिति जिसको अध्यक्ष चुनने का अधिकार था, उस पर बनर्जी का नियंत्रण था, विपिन चन्द्रपाल का नहीं। विपिन चन्द्रपाल ने तिलक का नाम अध्यक्ष पद के लिए प्रस्तुत किया जो नामंजूर हो गया। इस पर नरम दल वाला. ने तार द्वारा दादा भाई नौरोजी से प्रार्थना की कि वह संकट की घड़ी मे. कांग्रेस अध्यक्ष का पद संभाले। दादाभाई नौरोजी व गोखले दोना. ही उस समय लंदन मे. थे। दादाभाई नौरोजी ने उपर्युक्त तार गोखले को दिखलाया। दादाभाई नौरोजी के पास सुरेन्द्रनाथ बनर्जी का पत्र भी पहुंचा जिसमे. उन्ह. इस स्थिति मे. कांग्रेस अध्यक्ष पद से दूर ही रहने की सलाह दी। पर दादाभाई नौरोजी विपरीत परिस्थितिया. मे. अडिग रहने वाले व्यक्ति थे। उन्हा.ने यह पद स्वीकार कर लिया।

रास बिहारी बोस कांग्रेस अधिवेशन की स्वागत समिति के अध्यक्ष थे। उन्हा.ने अपने स्वागत भाषण मे. सरकार की नीति की कड़ी निंदा की। उन्हा.ने स्वदेश प्रेम को राजद्रोह कहे जाने की भर्त्सना की थी।

अध्यक्ष पद से दादा भाई नौरोजी ने भी कहा–पूरी बात एक ही शब्द

मे. कही जा सकती है-स्वराज्य, यानि स्वशासन। इसके लिए समय आ ही नहीं गया है बल्कि बहुत विलम्ब हो चुका है।

कलकत्ता कांग्रेस अधिवेशन मे. विलायती वस्तुआ. के बहिष्कार की बात फिर आई। इसे बंगाल तक ही रखा जाए या सम्पूर्ण भारत मे., यह भी विवाद का विषय था। गोखले और मालवीय पहले विकल्प के पक्ष मे. थे। जबकि विपिन चन्द्रपाल पूरे देश मे. विदेशी चीजों के बहिष्कार के सख्त समर्थक थे। साथ-साथ वह विदेशी संस्थाआ. का भी बहिष्कार चाहते थे। गोखले ने इसका फिर विद्रोह किया।

इसी समय से गांधी जी के असहयोग आन्दोलन की शुरुआत के बीज पड़ चुके थे; सन् 1906 के कांग्रेस अधिवेशन के दौरान यह प्रस्ताव पास हुआ कि बंगाल ने जो प्रांत के विभाजन के कारण बहिष्कार आंदोलन चलाया था। वह पूरी तरह कानूनी था। इस अधिवेशन मे. ही पहली बार जनता के कर्तव्या. को सामने लाया गया था। कलकत्ता कांग्रेस ने चार प्रस्ताव पास हुए जो स्वशासन, बहिष्कार, स्वदेशी और शिक्षा पर थे। भले ही यह प्रस्ताव कोई बहुत ज्यादा व्यवहारिक नहीं थे। इसलिए इनका कोई दूरगामी प्रभाव नहीं पड़ा। देश के मिल मालिका. तक ने कांग्रेस के साथ सहयोग करने के अपने लाभ का मार्ग चुना।

इसी तरह बहिष्कार के अंतर्गत बड़े-बड़े नगरा. मे. विदेशी वस्त्रा. की होली जलाई गई। कुछ कांग्रेस जना. ने केवल स्वदेशी माल के ही उपयोग का व्रत लिया। उस समय राष्ट्रीय स्कूला. की संख्या गिनती की ही थी, जिनमे. अपने बच्चा. को पढ़ाना कांग्रेसी नेताआ. को भी गवारा नहीं था। इस प्रस्ताव के कारण ही देश मे. राष्ट्रीय भावना अवश्य फैल गई, जिससे अंग्रेज सरकार के विरुद्ध रोष फैल गया।

गोपालकृष्ण गोखले नरम दल के साथ व उनका विचार था कि अभी कांग्रेस को प्रत्यक्ष रूप से सरकार से लड़ने का विचार नहीं करना चाहिए क्या.कि अभी इसका समय नहीं आया है। इस समय लड़ना कठिन था। अभी भी उनका विश्वास अंग्रेज सरकार पर से उठा नहीं था। सरकार अपना दमन चक्र संभाल चुकी थी। उस समय लार्ड मिंटो के पास शासन की बागडोर थी।

गोखले ने कांग्रेस द्वारा पास किए गए प्रस्तावा. की गरम दल द्वारा व्याख्या के लिए उत्तर भारत का दौरा प्रारम्भ किया। जहां-जहां गए उनके भाषणा. की प्रशंसा हुई। कांग्रेस के मंत्री होने के कारण गोखले को कड़ा परिश्रम करना पड़ा। साथ-साथ कांग्रेस को दो टुकड़े के होने से भी बचाये

रखना था। सरकार के सुधारा. को भी तुरन्त लागू करवाना था। इस कठोर परिश्रम के साथ अपने गिरते हुए स्वास्थ्य पर भी काबू बनाये रखना था। इसके अलावा कांग्रेस के घिसे-पिटे रास्ते पर संतुलित रूप से चलना था। गोखले ने इस स्थिति मे. भी फिरोजशाह मेहता का पूरा अनुकरण नहीं किया पर अपने आपको रखा हमेशा मेहता के साथ ही।

इस बीच आगामी कांग्रेस अधिवेशन के आयोजन-स्थल को लेकर वाद-विवाद होने लगा। अगामी अधिवेशन लाहौर मे. हो इसका निमंत्रण मिल चुका था। मेहता ने कांग्रेस का अगामी अधिवेशन नागपुर मे. करने की सलाह दी। पर राष्ट्रवादी दल, कांग्रेस के नरम दल के साथ सहयोग करने को तैयार नहीं था इस कारण 10 नवम्बर 1907 को बम्बई मे. फिरोजशाह मेहता ने अखिल भारतीय कांग्रेस कमेटी की बैठक बुलाई जिसमे., गोखले, वाचा, मेहता, जिन्ना, तिलक, अम्बालाल, सवखरलाल व सी. राघवाचार्य शामिल हुए। इनमे. डॉ. मुंजे और आलेकर को बाहर ही रहने दिया गया।

मेहता और गोखले ने यह सुझाव रखा कि आगामी अधिवेशन सूरत मे. हो। यह प्रस्ताव तुरन्त स्वीकार हो गया। मेहता और गोखले के सामने आगामी अध्यक्ष के रूप मे. रासबिहारी घोष का नाम था। वह कानून के प्रख्यात पण्डित थे और बहुत ही धनवान व्यक्ति थे। बंगाल मे. राष्ट्रीय शिक्षा संस्थानों की स्थापना के लिए बहुत दान दिया था। फिर भी वह आम जनता के आदमी नहीं थे। इसी बीच लाला लाजपतराय भी जेल से छुटकर आ गए थे और चारा. ओर उनको ही कांग्रेस अध्यक्ष बनाने कि मांग हो रही थी। नरम दल वाले किसी भी कीमत पर लाला लाजपतराय को अध्यक्ष बनाने को तैयार नहीं थे इसका कारण यह भी था कि वह सीधे-सीधे सरकार पर आक्रमण नहीं कर सकते थे।

स्वागत समिति रासबिहारी घोष को पहले ही अध्यक्ष चुन चुकी थी। परन्तु सम्मेलन का स्थान बदल जाने के कारण सूरत की स्वागत समिति द्वारा उनका दोबार चुनाव होना अवश्यक था। इसी कारण गोखले सूरत गए थे ताकि वह स्वागत समिति को डॉ० घोष के पक्ष मे. कर सक.। गोखले अपने तर्कों से उन्ह. सन्तुष्ट नहीं कर सके पर लाला लाजपतराय का नाम नरम दल वाला. ने प्रस्तावित नहीं होने दिया। इस तरह लाला लाजपतराय को कांग्रेस अध्यक्ष नहीं बनने दिया गया जिससे पूरे देश मे. आक्रोश फैल गया।

डॉ० घोष को स्वागत समिति द्वारा अध्यक्ष चुने जाने के बाद अब उन्ह. जनता के सामने जाना था। नरम दल के हरकता. से राष्ट्रवादी दल

कुपित था, उसने यह दृढ़ निश्चय कर लिया कि वह अपने कदम पिछे नहीं हटने देगा।

गोखले पर इस अधिवेशन के लिए विचारार्थ पेश किए जाने वाले प्रस्तावा. को तैयार करने का महत्वपूर्ण उत्तरदायित्व था। यदि प्रस्ताव पहले कांग्रेस अधिवेशन के अनुरूप होते तो कोई कठिनाई नहीं होती। पर तिलक, अरविंद घोष आदि सूरत अधिवेशन से पूर्व ही भाषण देकर रणभेरी बजा चुके थे। विरोधी संघर्ष को तैयार थे जिससे सूरत का वातावरण तनावपूर्ण हो गया।

सूरत अधिवेशन का बहुप्रतीक्षित दिन आ गया। पंडाल खचाखच भरा था। पंडाल से ज्यादा बाहर व्यक्ति इक्कठे थे। स्वागत समिति द्वारा, अध्यक्ष पद के लिए नरम दल की ओर से सुरेन्द्र नाथ बनर्जी ने डॉ. घोष का नाम लिया। सारे पंडाल मे. शोर मच गया। शोर गुल मे. डॉ. बनर्जी की कोई बात भी सुनाई नहीं पड़ रही थी। 10 मिनट से ज्यादा समय तक पंडाल मे. कोहराम मचता रहा। गोखले और मेहता बहुत चिंतित नजर आये। सभापति ने सम्मेलन बीच मे. ही स्थगित कर दिया।

काफी विचार-विमर्श के बावजूद नरम और गरम दल के बीच कोई भी समझौता नहीं हो सका। अगले दिन फिर अधिवेशन प्रारम्भ हुआ, इस बार मोतिलाल नेहरू ने डॉ. घोष का नाम प्रस्तावित किया। इस पर फिर हंगामा उठ खड़ा हुआ। मतदान हुआ और डॉ. घोष को अध्यक्ष घोषित कर दिया गया। डॉ. घोष ने अध्यक्ष के रूप मे. अपना आसन ग्रहण कर लिया।

लोकमान्य तिलक ने कार्य स्थगन पेश करने की अनुमति चाही और अनुमति पाकर वह ज्यों ही मंच पर आए, पंडाल मे. फिर हंगामा गूंजा और मंच पर जूते चप्पल बरसने लगे। गोखले तिलक की जान बचाने के लिए हाथ फैलाकर मंच पर चढ़ गए तब तक किसी ने पुलिस को खबर कर दी जिसने आकर स्थिति नियंत्रण म. की। इन अप्रिय घटनाओं के लिए दोना. ही पक्ष एक दूसरे को दोषी ठहरा रहे थे। दोना. ही पक्ष अपनी ताकत अजमा रहे थे जिसका नतीजा सामने था।

इस दुर्भाग्यपूर्ण स्थिति मे. ही गोखले ने पूरी ईमानदारी से अपना कार्य किया। कांग्रेस के रास्ते मे. नया मोड़ आ रहा था। गोखले को इस स्थिति मे. किस तरह विजय हासिल करनी थी, वह यही रास्ता तलाश कर रहे थे। तिलक से उन्ह. व्यक्तिगत रूप से कोई घृणा नहीं थी। जो भी मतभेद थे वह सैद्धांतिक थे।

सूरत मे. होने वाले इस दलगत विरोध पर गोपालकृष्ण गोखले ने कांग्रेस महामंत्री के रूप मे. अपने विचार प्रकट किए जिनमे. कांग्रेस अधिवेशन के सूरत मे. किए जाने पर प्रकाश डाला गया। साथ मे. लाजपत राय को अध्यक्ष न बनाए जाने का भी स्पष्टीकरण दिया गया। कांग्रेस अधिवेशन मे. व्यर्थ उपद्रव मचाने का सीधा-सीधा उत्तरदायित्व उन्हा.ने तिलक पर यह कह कर डाला कि... कांग्रेस पर उन लोगा. का नियंत्रण होने के कारण उक्त नियंत्रण अपने हाथ मे. लेने की इच्छा के कारण तिलक ने कांग्रेस को बदनाम करने के लिए इस तरह का रास्ता चुना है।

तिलक ने इन आरोप पर एक विस्तृत वक्तव्य देकर आरोपा. का खण्डन किया और अपने कार्यों को उचित ठहराया।

इन घटनाआ. के परिणामत: कांग्रेस की एकता भंग हो गई और संस्था ने अपनी निष्क्रियता की अवस्था मे. प्रवेश कर लिया। परस्पर विरोधी विचारधाराआ. के दो वर्ग एक ही संगठन मे. ज्यादा दिन तक नहीं रह सकते थे।

28 दिसम्बर को कांग्रेस के दोना. पक्षों ने अपनी अलग-अलग बैठक. की। नरम दल वाला. ने उस सभा मे. भाग लेने वाले को एक संकल्प पत्र पर हस्ताक्षर करने को कहा। इस घोषणापत्र मे. स्वदेशी, बहिष्कार, राष्ट्रीय शिक्षा का उल्लेख तक नहीं था। इस पर रासबिहारी घोष मेहता, गोखले, बनर्जी वाचा के हस्ताक्षर थे।

गरम दल वाला. द्वारा, नरम दल वाला. द्वारा छोड़े गए सभी प्रस्तावा. का उल्लेख किया गया था। इस पर तिलक, अरविंद घोष बनर्जी के हस्ताक्षर थे। लाला लाजपत राय के किसी भी घोषणा पर हस्ताक्षर नहीं थे।

दोना. दला. मे. इस फूट से अंग्रेज सरकार बहुत खुश थी।

तथाकथित सुधार

महात्मा गांधी की भांति गोपालकृष्ण गोखले, किसी भी मामले को बातचीत के जरिए समझाने-बुझाने की नीति के समर्थक थे। पर गांधी जी की तरह उन्हा.ने सीधी कार्यवाही का समर्थन कभी नहीं किया।

गोखले यदि सरकार के सभी कार्यों मे. सहयोग करते तो वह किसी ऊंचे और प्रतिष्ठित पद पर जा पहुंचते। इसका उदाहरण उन्ह. सी. आई. इ. की मिली उपाधि है। यानि कम्पेनियन ऑफ दि इंडियन इंपरर। यह उपाधि भी संभवत: उन्हा.ने इसलिए स्वीकार की ताकि वह सरकार के सीधे विरोधी दिखलाई ना पड़े। इसके साथ-साथ एक वातावरण विकसित हो जाए जिससे उनकी बात सरकार पूरे ध्यान पूर्वक सुने।

कांग्रेस के एक अधिवेशन के अध्यक्ष पद तक रहने के साथ-साथ वह सरकार के इतने अधिक प्रिय थे कि सरकार का कार्य भी उनके बिना नहीं चल सकता था। कांग्रेसी उन्हा.ने जहां अपने साथ अतिवादी बनाना चाहते थे। दूसरी ओर सरकार उन्ह. अपने अनुसार चलाना चाहती थी। उन्हा.ने इन दोना. मे. से किसी का भी साथ नहीं छोड़ा। वह जानते थे इस समय देश मे. दो शक्तियां काम कर रही हैं... समय के साथ कदम मिलाकर चलने मे. सरकार की अनिच्छा और अतिवादी अथवा गरम दल वाला. की अनिच्छा।

सूरत मे. कांग्रेस के दो टुकड़े होने से पूर्व ही, ब्रिटेन मे. शासन सत्ता उदार दल के हाथ म. आ गई थी व अनुदार दल की आम चुनाव मे. पराजय हो चुकी थी। राजनीति-दर्शनवेत्ता मार्ले भारत मंत्री बन गये थे और मिंटो भारत के नये वायसराय बनकर आये थे जिससे भारत मे. उज्ज्वल भविष्य के संकेत दिखलाई पड़ रहे थे।

गोपालकृष्ण गोखले 14 अप्रैल 1906 को तीसरी बार इंग्लैंड रवाना हुए। इस समय बंगाल के अत्याचारा. को सबके सामने लाने व राजनीतिक

सुधारा. के समर्थन का उपयुक्त समय था। गोखले ने भारत मंत्री और उप भारत से भ.ट की थी। उन्हा.ने अनेक सभाआ. मे. भाषण दिये थे। लिवरपूल के एक भाषण मे. उन्हा.ने यह तथ्य रखकर तहलका मचा दिया कि–दस वर्ष की अवधि मे. दो करोड़ व्यक्तिया. को भूख के कारण प्राण खोने पड़े। उस समय भी सात करोड़ लोगा. को भरपूर भोजन नहीं मिल रहा था। जिसके कारण मृत्यु दर मे. बढ़ोत्तरी हो रही थी। उन्हा.ने लार्ड कर्जन की अनीति की भी विवेचना की।

पूर्वी बंगाल के नये गवर्नर सर बैम्पफाइल्ड फुलर ने अपनी सत्ता का प्रदर्शन करने मे. सभी सीमाओं को पार कर दिया। उन्हा.ने जलूस और सभाआ. पर रोक लगा दी व छात्रा., अध्यापका. को पुलिस की निगरानी मे. रखा। जिससे लोगा. म. उद्विग्नता बढ़ गई। बारिसाल प्रांतीय सम्मेलन के अवसर पर सुरेन्द्रनाथ बनर्जी को अध्यक्ष व प्रतिनिधिया. सहित गिरफ्तार कर लिया गया। इन सब पर 200 रुपये जुर्माना किया गया। जुर्माना अदा न करने पर सरकार अपमान जनक तरीका. पर उतर आई। गोखले ने यह मामला भी अंग्रेजी शासका. के समक्ष रखा। साथ ही इस मामले की जांच कराने का आग्रह किया।

मार्ले और मिंटो दाना. ही गोपालकृष्ण गोखले से पूरी तरह सहमत हो गए। उन्हा.ने फुलर से इस सम्बंध मे. स्पष्टीकरण देने को कहा। इस बीच सिराज गंज हाई स्कूल मे. वन्देमातरम् का नारा लगाने की घटनाआ. पर फुलर कलकत्ता विश्वविद्यालय को यह आदेश दिया कि वह उपर्युक्त स्कूल की मान्यता समाप्त कर दे। लार्ड मिंटो के सरकारी हस्तक्षेप के बावजूद भी फुलर कुछ भी सुनने को तैयार नहीं हुआ। बल्कि मान्यता समाप्त न किए जाने पर त्यागपत्र देने की धमकी दे डाली। दुर्भाग्य से इस धमकी का स्वागत ही हुआ और लार्ड मिंटों ने बेहिचक फुलर का त्यागपत्र स्वीकार कर लिया।

इस स्थिति मे. बंगाल सरकार के अधिकारी भी चौकन्ने हो गये और उन्हा.ने बंगाल की जनता को कुचलने का काम छोड़ दिया और उदार नीति अपना ली। इस बात का श्रेय हर तरह से गोपालकृष्ण गोखले को जाता है।

गोखले ने मार्ले से कई बार मुलाकात कर बंग भंग के आदेश को सरकार द्वारा वापस लेने का प्रयास किया। उनकी यह मुलाकात. बहुत ज्यादा उत्साहवर्द्धक रहीं। गोखले ने मार्ले के साथ कई भ.ट करके एक आयोग स्थापना की मांग भी स्वीकार करा डाली जो कि 'सरकार के साथ

भारतीया. का सहयोग कितना है' इसकी जांच कर. ताकि आवश्यकता अनुसार सहयोग बढ़ाया जा सके। साथ-साथ उन्हा.ने यह भी कहा कि जब तक भारतीया. को सत्ता नहीं सौंपी जाएगी, असन्तोष बना ही रहेगा। आयोग की स्थापना तो अंग्रेज सरकार ने नहीं की पर मार्ले व लार्ड मिंटो दोना. ही भारत के प्रति उदार-हृदय रखने थे।

लार्ड कर्जन द्वारा बंग-भंग से जनता उद्विग्न थी जिसके कारण क्रांतिकारी आंदोलन बढ़ गये थे। शासनतंत्र उदार दल के हाथ मे. होने के कारण व प्रधान सेनापति लार्ड किचनर के साथ मतभेद होने के कारण लार्ड कर्जन त्यागपत्र देकर जा चुके थे। इस कारण गोखले को सरकार को बलप्रयोग ना करने के लिए मनाने का सुअवसर मिल गया। लार्ड मिंटो और भारत मंत्री मार्ले ने यह तथ्य स्वीकार कर लिया था कि लार्ड कर्जन के शासन नीतियां गलत थी इसी कारण उन्हा.ने फुलर का त्यागपत्र स्वीकार कर लिया। मार्ले तो राष्ट्रवादी तथ्यों को पूरी तरह शांत करने के इच्छुक थे। जिससे लोगा. की पूरी संतुष्टि भले ही ना हो पर उनका आक्रोश तो शांत हो ही जाए।

मार्ले और गोखले के पांच-छ: मुलाकाता. के बाद यह महसूस होने लगा कि वह भारत के हित मे. कुछ भी करने को इच्छुक हैं। इस कारण गोखले ने 2 अगस्त को अपने मित्र द्रविण को लिखा कि वह तिलक को यह समझाए कि वह अपने समाचार-पत्रों मे. मार्ले व लार्ड मिंटों की कोई भी आलोचना न कर.। वह अपना निशाना अपने वास्तविक शत्रुओं पर ही लगाए रह.। यही प्रार्थना गोखले ने अपने मित्र केलकर से भी की थी।

मार्ले और मिंटों के पत्राचार को देखने पर भी यही पता लगा है कि वह भी गोखले को अपना परम मित्र मानते थे। साथ ही वह गोखले द्वारा उनके हाउस ऑफ कामंस के भाषण से काफी प्रसन्नचित थे क्या.कि इस भाषण का प्रभाव भारतीया. पर अच्छा पड़ा। साथ ही साथ भारतीय राष्ट्रीय कांग्रेस और एक भारतीय वर्ग, भारत के वायसराय का साथ देने को तैयार हो गए हैं।

इसके साथ मार्ले भारतीय शासन को औपनिवेसिक रूप से स्वशासन देने को तैयार नहीं थे। जिस कारण गोखले चाह कर भी मार्ले की आलोचना को समाचार-पत्रों मे. छपने से रोक नहीं पाए।

मार्ले ने एक स्थान पर अपने भाषण मे. कहा, "मैं भारत के लोगा. को चांद (आजादी) नहीं भ.ट कर पाया। इसलिये वहां के लोग मुझसे सख्त नाराज हैं। क्या.कि चांद (आजादी) मेरे हाथ मे. नहीं है, होती तो भी मैं नहीं

देता।" इस मनोवृत्ति से भारत का कोई भी राष्ट्रवादी मार्ले को सम्मान नहीं देता चाहे उसे कितना ही उदार क्या. ना कहा जाए।

सन् 1906 के सितम्बर मास मे. जब गोखले इंग्लैंड से वापस लौटे तब तक देश की स्थिति शोचनीय हो चुकी थी। गोखले भी इंग्लैंड से कोई खास उपलब्धि प्राप्त करके नहीं आए थे। इस कारण भी और नरम दल की शांति गतिविधिया. से अब लोगा. कि संतुष्टी नहीं थी। जनता शासन से सीधे टक्कर लेने वाला. की ओर झुक गई थी।

आगा ख़ान के नेतृत्व मे. मुसलमाना. का एक प्रतिनिधि मंडल अक्टूबर 1906 को शिमला मे. वायसराय लार्ड मिंटो से मिला और यह मांग की कि उन्ह. भी भारत को जो प्राप्त हो उसमे. से अलग भाग प्राप्त हो। हिन्दू और मुसलमाना. के बीच वर्गभेद की दीवार फुलर ने ही बंगाल मे. खड़ी की थी और वास्तविक रूप से पाकिस्तान का जन्मदाता निश्चित रूप से फुलर ही कहा जाएगा। जिन्ना और मुस्लिम लीग ने तो इस नींव पर मात्र दीवार ही खड़ी की।

2 जून 1907 को अपने बजट भाषण मे. मार्ले ने अपने परिकल्पित सुध ाारा. की योजना प्रस्तुत की जिसमे. भारत सरकार मे. शक्ति अतिकेन्द्रीयकरण पर विचारार्थ एक शाही आयोग की स्थापना का विचार प्रस्तुत किया गया। केन्द्र मे. भी और प्रांता. मे. विधान परिषदा. की स्थापना, प्रसिद्ध व्यक्तिया. को सलाहकार समिति मे. स्थापना की बात की थी। भारत मंत्री की परिषद मे. तत्काल दो भारतीय नियुक्त किए गए, सर के. जी. गुप्ता और सैयद हुसैन बिलग्रामी! पर इस घोषणा से भी भारत मे. कोई हर्षोल्लास नहीं फैला।

रेम्जे मैकडानल्ड ने अपनी पुस्तक 'दि एवेनिकिंग ऑफ इंडिया' मे. लिखा है- अखिल भारतीय मुस्लिम लीग की स्थापना के साथ ही साथ इसको जो ताजा सफलताएं मिली उसके पीछे आंग्ल अधिकारिया. का हाथ है, इस तरह की शंका भारत मे. फैल गई थी। उक्त अधिकारिया. ने शिमला मे. मुस्लिमा. के प्रति विशेष कृपा-भाव दिखलाकर हिन्दू-मुस्लिम के बीच विष के बीज बोए गए थे।

केवल मैकडानल्ड ही नहीं, लार्ड मार्ले ने भी यही स्वीकार किया कि हिन्दू-मुस्लिम के बीच वर्ग भेद की यह दीवार, लार्ड मिंटो ने खड़ी की थी।

गोपालकृष्ण गोखले की स्थिति इस समय एक मध्यस्थ की थी जो बड़ी ही विषम थी। मार्ले के प्रति उनके मन मे. बहुत ज्यादा आदर था। पर

मिंटो तो उन्ह. एक साधारण हिन्दू ही समझते थे। मिंटो की गोखले के विषय मे. कोई बहुत अच्छी राय नहीं थी। यह बात जब प्रकट हुई जब गोखले का नाम सलाहकार परिषद के लिए प्रस्तुत किया गया, तब मिंटो ने कहा, गोखले मे. संतुलित रूप से सलाहकार बनाने के गुण नहीं हैं। मिंटो ने मार्ले के एक पत्र मे. यह भी लिखा कि... मुझे इस बात की जरा भी आशा नहीं थी कि गरम दल वाले सुधारा. को स्वीकार.गे। गोखले ने इस समय बड़ा ही भद्दा खेल खेला है। उनका यह आरोप निराधार है कि सरकार ने कांग्रेस का दमन किया था।

सुधार अधिनियम पारित हो गया और उनके कार्यान्वियन का कार्य वायसराय को सौंप दिया गया। इस अधिनियम से गोखले बहुत ही असंतुष्ट थे। नियम जो बनाए गए थे उनमे. बांए हाथ से देकर दाएं हाथ से लौटा लिया गया था। अत: शत्रु लंदन स्थित राजनीतिक नहीं बल्कि भारत के तथाकथित शासक थे।

चुनाव मे. निष्कासिता. और राजनीतिक दंडिता. को भाग लेने से रोक दिया गया। गोखले के विरोध करने पर मिंटो बिफर पड़े। उन्हा.ने साफ-साफ भारत मे. जोखिम उठाने से इनकार कर दिया। उनका स्पष्ट मत था सरकार जो दे उसे आंख बंद कर स्वीकार कर लेना चाहिए। पर गोखले इस मिट्टी के नहीं बने थे।

सन् 1906 का भारतीय सुधार अधिनियम लोकतंत्रीय ढांचे मे. भारत कि आशाएं पूरी नहीं कर सका। सम्पूर्ण सत्ता केन्द्र सरकार बन गया। विधान सभा कार्यपालिका का प्रभुत्व जम गया। अंतत: भारत के शासन की बागडोर ब्रिटिश संसद तक जा पहुंची। सरकारी ढांचे मे. कोई वास्तविक परिवर्तन नहीं हुआ। राजनीतिक बंदी जेला. मे. सड़ते रहे। दमन नीति और उग्र हो गयी। बंग-भंग का राजनीतिक अन्याय बना रहा और उसे जार्ज पंचम और लार्ड हार्डिंग पर निर्णय देने को छोड़ दिया गया।

इस स्थिति मे. गोखले की स्थिति बहुत कठिन हो गयी। 1908 मे. वह चौथी बार फिर मार्ले को समझाने-बुझाने इंग्लैंड यात्रा पर गए।

अपने देश के लिए गोपालकृष्ण गोखले के मन मे. अपार श्रद्धा और प्रेम था। उस समय शायद सफलता पाना उनके भाग्य मे. नहीं लिखा था।

सूरत के बाद

सूरत मे. हुए कांग्रेस अधिवेशन मे., कांग्रेस मे. नरम दल वालों का प्रभुत्व हो गया था। परन्तु जनता उससे दूर हट गयी थी। गरम दल के प्रसिद्ध नेता जेला. मे. बन्द थे। जो नेता बाहर थे वह निष्क्रिय रूप से पड़े हुए थे। वे नेतृत्व-विहीन थे। फिर भी बंग-भंग आन्दोलन के कारण उनकी शौर्य भावना विलुप्त नहीं हुई थी।

जहां तक सरकार का प्रश्न था उसमे. दूरदर्शिता और अपने ही प्रशासन तंत्र पर विश्वास का पूर्णत: अभाव था। वर्षों से सरकार छोटी-छोटी मांगा. पर भी विरोध का कार्य कर रही थी। लोक सेवा पर भी शासक वर्ग (यूरोपियना.) का अधिपत्य था। भारतीया. को इन सेवाआ. से उस समय तक अलग रखा जा रहा था। विश्वविद्यालय अधिनियम के जरिए सरकार ज्ञान पर ताले डाल चुकी थी। पुलिस आयोग की बदौलत भारतीय, पुलिस सेवा से अलग थे। फौजदारी कानून संशोधन अधिनियम, राजद्रोहात्मक सभा अधिनियम, सरकारी गोपनीय अधिनियम, प्रेस अधिनियम जैसे कानून की बदौलत सरकार और जनता के बीच अप्रिय संबंध हो चुके थे। जिसके कारण सरकार और जनता के बीच शत्रुता के संबंध कायम हो गये थे। बंग-भंग मे. इसे तीव्रता ही प्रदान की थी। बंगाली युवका. को संगठित होते देखकर अंग्रेजी सरकार ने 9 व्यक्तियों को निष्कासित कर दिया था। 1908 मे. सरकार ने बंगाल के अखबारा. का दमन प्रारम्भ किया।

30 अप्रैल 1908 को मुज्जफ्फरपुर मे. एक अंग्रेज किंगफोर्ड जज जो बहुत कुख्यात था, पर दो बम फ.के गए। दुर्भाग्य से वह तो बच गया, दो महिलाएं मारी गई। इस अपराध मे. खुदीराम बोस को फांसी दी गई। स्वामी विवेकानंद के भाई ने इस नीति का जोरदार समर्थन किया।

महाराष्ट्र मे. तिलक, एस. एम. परांजपे तथा अन्य व्यक्तियों को कठोर कारावास की सजा दी गई। इस आंदोलन ने शीघ्र हिंसात्मक रूप

ले लिया। जगह-जगह अंग्रेज उच्चाधिकारी मारे जाने लगे। सरकार ने यह आंदोलन कुचल डालने के लिए अविलम्ब कदम उठा डाले।

राजद्रोहात्मक सभा अधिनियम के खिलाफ बोलते हुए गोखले ने कहा, "सरकार को यह चेतावनी है कि अपने को सुधार ले, अत्याचारा. से युवक बेकाबू होते जा रहे हैं और उन्ह. बेकाबू रखने का उत्तरदायित्व अब बुजुर्गों पर नहीं है और उन्ह. अब दोष नहीं दिया जा सकता है।"

मार्ले मिंटो के कथाकथित सुधारा. से देश की दशा पर कोई प्रभाव नहीं पड़ा था। गोखले कई बार दोहरा चुके थे कि यदि सुधारा. को विलम्ब से लागू किया जाए, तो भी उनका कोई महत्त्व नहीं रह जाता है। आरम्भ मे. कांग्रेस इन सुधारा. से बहुत आशान्वित थी। पर सुधारा. के लिए सरकारी बहुमत होना आवश्यक था। इस कारण अतिरिक्त 60 स्थाना. मे. से केवल 27 स्थान निर्वाचित थे। इनमे. भी मुसलमाना. व कुछ अन्य जाति वर्गों को विशेष प्रतिनिधित्व प्रदान किया गया था।

1909 मे. कांग्रेस अधिवेशन लौहार मे. सम्पन्न हुआ। इस अधिवेशन के अध्यक्ष पंडित मदनमोहन मालवीय थे। इसमे. चार प्रस्ताव पास हुए। एक धर्म के आधार पर निर्वाचन क्षेत्रा. का वर्गीकरण, दो पंजाब मुक्त प्रांत, बंगाल असम व बर्मा मे. कार्य परिषदा. का गठन, तीसरा, पंजाब मे. विनियमा. का अच्छी तरह पालन, चौथा सी. पी. और बरार के लिए भी विधान परिषद की मांग।

1910 व 1911 मे. भी कांग्रेस पार्टी ने 1909 के अनुरूप ही, पृथक निर्वाचन क्षेत्रा. की बात को फिर उठाया क्या.कि अब जिला परिषदा., म्युनिसिपिल क्षेत्रा. मे. भी पृथक निर्वाचन क्षेत्र की बात लागू की जा रही थी। 1912-1913 मे. भी कांग्रेस ने केन्द्र और प्रांता. मे. निर्वाचित बहुसंख्यक सदस्या. के लिए मांग की थी। विचित्र बात यह रही की इस अधिवेशन मे. एक ऐसी भी धारा पास हो गई जिसमे. अंग्रेजी ना जानने वाला. को भी कांग्रेस सदस्यता के लिए आयोग्य माना गया। इसका कारण शायद यह था कि तब तक कांग्रेस आम जनता तक नहीं पहुंच पायी थी, कांग्रेस के सभी नेता उच्च शिक्षित व उच्चवर्ग के थे।

देश मे. नई भावना अपना पूरा प्रभाव डाल रही थी। स्कूल कॉलेजा. का बहिष्कार निषेधक सरकारी आदेशा. के कारण ठप पड़ रहा था। बंगाल मे. राष्ट्रीय शिक्षा संस्थाआ. की स्थापना हो रही थी। इन संस्थाआ. ने नारा दिया राष्ट्रीय पद्धति, राष्ट्रीय नियंत्रण, राष्ट्रीय संकल्प। स्वदेशी का प्रचार दूर तक फैल रहा था। 7 अगस्त 1905 को बहिष्कार का राष्ट्रीय झण्डा फैला दिया गया।

मार्ले व मिंटो ने दिल्ली मे. सम्राट जार्ज पंचम के राज्याभिषेक के समय, 12 दिसम्बर 1911 को लाभ उठाने का फैसला किया।

सम्राट जार्ज पंचम ने घोषणा की, "कलकत्ता के स्थान पर नई दिल्ली को राजधानी, बंगाल के लिए गर्वनर परिषद, बिहार, छोटा नागपुर व उड़िसा के लिए अलग नये परिषद व लेफ्टीन.ट गवर्नर और असम के चीफ कमिश्नर।"

इस तरह लार्ड कर्जन का सपना तहस-नहस हो गया और यह माना जा सकता है। सरकार से कृपया भाव से नहीं संघर्ष से ही कुछ प्राप्त किया जा सकता है। इस कार्य के लिए शक्ति की आवश्यकता होती है। चाहे धन शक्ति हो या जन शक्ति।

लार्ड हार्डिंग कुछ हद तक विनम्र और लोकप्रिय वायसराय रहे। उनके समय मे. भी आंदोलनकारिया. का डराने-धमकाने का कानून बने रहे। खंडित बंगाल एक बार फिर एक हो जाने पर भी। जनता और सरकार के हृदय मे. एका ना हो सका। लोगा. का आक्रोश शांत नहीं हो सका। जिसके कारण नई राजधानी नई दिल्ली मे. प्रवेश करते समय लार्ड हार्डिंग पर बम फ.का गया। जिससे वह बाल-बाल बच गए। अंग्रेजा. का दमन चक्र इस घटना से और तीव्र हो गया। पर 1912 के कांग्रेस अधिवेशन मे. लार्ड हार्डिंग को बम से बच जाने पर हार्दिक बधाई दी गई।

देश मे. होने वाली इन घटनाआ. से गोखले ना तो अनभिज्ञ थे और ना ही दर्शक की तरह देखने के इच्छुक थे। उन्हा.ने सदा की भांति इस समय भी समझौते का प्रस्ताव रखा और इसके लिए प्रयत्न भी किया, पर सरकार उनकी कोई बात सुनने को तैयार नहीं थी।

1908 मे. गोपालकृष्ण गोखले ने मद्रास मे. सरकार के तथाकथित सुधारा. की व्याख्या की थी। उनका विचार यह था कि....सुधारा. के कारण लोकप्रिय उत्तरदायित्वा. का आरम्भ हो रहा था। अतः भारतीया. को इन सुधारा. से असंतुष्ट नहीं होना चाहिए। क्या.कि सरकारी बहुमत एक सुरक्षित शक्ति है, हमे. इस योजना के सामने प्रस्तुत होना चाहिए, इससे सरकार अपने आप पृष्ठ भूमि मे. चली जाएगी। जिस रूप मे. भी योजना पेश की गई है उसी रूप मे. इसे स्वीकार लेना चाहिए, क्या.कि इसे पूरी तरह ही स्वीकार या अस्वीकार किया जा सकता है...।"

गोखले ने सरकारी ढांचे के तीन स्तर माने। उच्च स्तर यानी केन्द्रीय शासन, मध्य स्तर प्रादेशिक शासन, निम्न स्तर स्थानीय शासन। उनके अनुसार निम्न स्तर पर शासन पूरी तरह जनता को सौंप दिया गया था।

मध्य स्तर पर भी गैर सरकारी बहुमत प्राप्त था। केन्द्रीय शासनाभार मे. कोई भी परिवर्तन नहीं किया गया था। कुछ भारतीय को सलाहकार अवश्य बना दिया गया था। गोखले का मानना था, सुधारा. द्वारा लोगा. को प्रशासन क्षमता प्राप्त करने का जो सुयोग मिल रहा था उसका भरपूर लाभ उठाना चाहिए। क्या.कि इससे सरकारी अधिकारी तंत्र की भी सफाई हो रही थी।

साम्प्रदायिक निर्वाचन क्षेत्रा. के विस्तार मे. भी गोखले को खास चिंतित नहीं किया। उनका मानना था कि यदि मुसलमाना. को संतुष्ट रखा जाए तो वह भी राष्ट्रीय क्रिया-कलापा. मे. पूरी-पूरी अभिरुचि ल.गे। उन्हा.ने मदनमोहन मालवीय द्वारा इस संबंध मे. रखे जाने वाले प्रस्ताव को भी ना रखे जाने की प्रार्थना की। उन्हा.ने कहा इस प्रश्न के उठाने पर हिन्दू मुसलमानों के आपसी संबंध और खराब हा.गे।

गोपालकृष्ण गोखले की रुचि कभी भी देशहित के लिए निष्क्रिय नहीं हुई। चाहे वह कोई मामला क्या. ना हो, उन्हा.ने अपनी शक्ति के अनुसार हर दिशा मे. पूरा प्रयास किया।

गोखले की अफ्रीका यात्रा

गोपालकृष्ण गोखले ने अपने जीवन का काफी बड़ा हिस्सा दक्षिण अफ्रीका मे. बसे प्रवासी भारतीया. के कल्याण के लिए लगाया था। महात्मा गांधी ने इस विषय मे. कहा है, मेरा विश्वास है कि यदि सभी भारतीय ट्रांसवाल रजिस्ट्रेशन अधिनियम का सख्त विरोध कर. तो उन्ह. जनता का आदर प्राप्त होगा। भारत मे. भी सहानुभूति की भावना जाग उठेगी।

दक्षिण अफ्रीका मे. बसे भारतवासिया. की दुखःद स्थिति देख जहां महात्मा गांधी द्रवित हुए थे वही गोपालकृष्ण गोखले भी इससे अलग-थलग नहीं रहे थे। बल्कि दक्षिण अफ्रीका के प्रवासी भारतवासियों की समस्या मे. महात्मा गांधी का साथ देते-देते, गोखले महात्मा गांधी के बहुत करीब आ गये थे और वह महात्मा गांधी के शिष्य बन थे।

जहां तक यूरोपीय जातिया. के अलावा अन्य जातिया., यानि काले दक्षिण अफ्रीकिया. की बात है-उनका जीवन हमेशा दुःखी बना रहा है। गोरी जातिया. ने, इन काले अफ्रीकिया. को हमेशा अपना गुलाम और अपने हित साधना. का साधन ही समझा है।

सन 1795 मे. कैंप (आशा-अंतरीप) पर इंग्लैंड का प्रभुत्व हो गया। कैप और नेटाल के तटवर्ती उपनिवेशा. मे. अंग्रेज रह गये और अफ्रीकना. को आगे चलकर फ्रीस्टेट व ट्रांसवास मे. दो उत्तरी गणराज्या. की स्थापना मे. सफलता मिल गई थी। बोऊर युद्ध मे. अफ्रीकनों की पराजय के बाद यह भी गणराज्य व उपनिवेश उस संघ मे. मिला दिया गया जिसका स्थापना 1910 मे. हुई थी। संघ मे. उस समय अंग्रेज बहुमत था।

दक्षिण अफ्रीका मे. महात्मा गांधी 1893 मे. पहुंच चुके थे। उस समय तक भारत से आकर लगभग डेढ़ लाख भारतीय नेटाल मे. बस चुके थे। यह सभी करारबद्ध श्रमिक थे। जब तक यह काम करते रहे कोई कष्ट नहीं

हुआ। पर काम हो जाने के बाद गोरा. को यह खटकने लगे। पर उन पर अनेक प्रतिबंध व अपमानजनक शर्तें लादी जाने लगीं। सन् 1888 मे. ऑर.ज फ्री स्टेट ने तो विशेष अधिनियम लागू कर भारतीया. के सभी अधिकार छीन लिए। ट्रांसवाल मे. भारतीया. के प्रवेश के लिए तीन पौंड कर देना पड़ता था। 1893 मे. गोरों ने कालों पर 25 पौंडा. का अतिरिक्त कर लगा दिया। जिसका वायसराय लार्ड एल्गिन ने समर्थन किया।

इसी स्थिति मे., महात्मा गांधी को प्रथम श्रेणी मे. टिकट लेकर भी सामान सहित स्टेशन से बाहर फैंक देने की बहुचर्चित घटना भी हुई थी।

महात्मा गांधी दक्षिण अफ्रीका से लौटकर, बम्बई हाईकोर्ट म. गोपालकृष्ण गोखले के साथ रहकर वकालत करने के इच्छुक थे। साथ ही साथ वह गोखले के साथ सार्वजनिक काम भी करना चाहते थे। उन्ह. फिर दक्षिण अफ्रीका लौट जाना पड़ा।

सन् 1909 के लाहौर कांग्रेस अधिवेशन मे. महात्मा गांधी ने दक्षिण अफ्रीका मे. बसे भारतीया. की दुर्दशा का वर्णन किया। तब गोखले अपने भारतीया. भाइया. की सहायता के लिए उत्कंठित हो गए। गोपालकृष्ण गोखले ने तुरंत एक प्रस्ताव दक्षिण अफ्रीका के संबंध मे. रखा और कहा, "अफ्रीका मे. चल रहा निष्क्रिय प्रतिरोध आंदोलन क्या है? अपनी प्रकृति आत्मरक्षात्मक है और इसमे. नैतिक तथा आध्यात्मिक शस्त्रा. की सहायता से युद्ध करने की परम्परा है। पशु बल का सामना हम आत्मबल से करते हैं। अत्याचार का सामना आत्मपीड़न से और पशुबल का सामना आत्मबल से करते हैं। मनुष्य के पशुत्व का मुकाबला हम देवत्व से करते हैं। अत्याचार का आत्मविवेक से, अन्याय का आस्था द्वारा, अनाचार का सदाचार द्वारा. ..।" गोपालकृष्ण गोखले के उच्च विचार सुनकर, महात्मा गांधी ने उन्ह. अपना गुरु मान लिया। निष्क्रिय प्रतिरोध की गोखले की परिभाषा सुनकर तो महात्मा गांधी ने पूरी तरह गोपालकृष्ण गोखले के समक्ष समर्पण कर दिया।

पर गोपालकृष्ण गोखले भी महात्मा गांधी से कम प्रभावित नहीं थे, उन्हा.ने भी उस समय कहा, "मेरे जीवन का यह परम सौभाग्य है कि मैं महात्मा गांधी जी को अच्छी तरह जानता हूं। श्री गांधी उन लोगा. मे. से है जो सरल हृदय संयत जीवन जीने वाले, न्याय सत्य के उच्चतम सिद्धांतों को मानने वाले व्यक्ति हैं। मैं निसंकोच यह कह सकता हूं कि उनके रूप मे. भारतीय मानव अपने उच्च स्तर तक जा पहुंचा है।"

गोखले महात्मा गांधी के इतने भक्त अवश्य थे पर इसके बावजूद

उन्हा.ने उनकी हर बात को आंख मूंदकर स्वीकार नहीं किया था। सरकार ने महात्मा गांधी की गुजराती भाषा मे. लिखित पुस्तक, 'हिन्दी स्वराज' जब्त कर ली। जिसे महात्मा गांधी ने कुछ दिन बाद ही अंग्रेजी भाषा मे. प्रकाशित कर दी। इस पर गोखले ने इस पुस्तक को महात्मा गांधी का अपरिपक्व काम ठहराया और उन्हा.ने यहां तक कहा कि एक साल बाद गांधी जी को खुद अपनी गलती का अहसास हो जाएगा और गोखले की यह भविष्यवाणी सत्य सिद्ध नहीं हो पाई। गांधी जी इस पुस्तक को अपने दर्शन की आधारशीला ही मानते रहे हैं। इसका मूल कारण यह है कि महात्मा गांधी को नरम दल और गरम दल दोना. के ही तौर-तरीके पसन्द नहीं थे। वह समझते थे कि यह दोना. अंतत: हिंसा के रास्ते पर ही जाएंगे। इस तरह कहा जा सकता है कि गांधी और गोखले यद्यपि कुछ आधारभूत सिद्धांता. पर पूरी तरह से विपरीत थे; पर एक दूसरे का पूरा-पूरा आदर करते थे।

लाहौर कांग्रेस अधिवेशन मे. गोखले के दक्षिण अफ्रीका से संबंधित भाषण का यह प्रभाव पड़ा कि लोगा. ने दक्षिण अफ्रीका मे. भारतीया. के संघर्ष करने के लिए अपने घर से रुपया, सोना, चांदी, जेवरों की वर्षा कर दी। उद्योगपति रतन टाटा ने गांधी जी को पच्चीस हजार रुपया भेजे, निजाम हैदराबाद जो बहुत कंजूस मक्खीचूस के रूप मे. मशहूर रहे थे 25 हजार रुपये, आगा ख़ान ने मुस्लिम लीग अधिवेशन से तीन हजार रुपये इक्ट्ठे करके भेज दिए।

25 फरवरी 1910 को गोपालकृष्ण गोखले ने इंपीरियल लेजेस्लेटिव असेम्बली मे., नेटाल भेजे जाने वाले करारबद्ध मजदूरा. के मामले मे. तुरन्त प्रतिबंध लगाए जाने की मांग की। जिसे भारत सरकार ने तुरन्त स्वीकार कर लिया और इस नीति का जोरदार समर्थन किया। बाद मे. लार्ड एम्प्टहिल और दक्षिण अफ्रीका समिति ने 1907 के निन्दनीय अधिनियमा. को रद्द करने की मांग की। उक्त परिस्थितिया. मे. अफ्रीकी सरकार ने 11 फरवरी 1911 को विधेयक परित किया पर इससे भारतीया. को संतुष्ट न कर पाया। गांधी जी ने भी इस विधेयक के विरोध मे. ही लिखा।

गांधी जी के बहुत आग्रह पर गोखले ने दक्षिण अफ्रीका की यात्रा करने की प्रार्थना स्वीकार कर ली। इंग्लैंड जहां पर वह उन दिनों थे, से उन्हा.ने गांधी जी को अपने दक्षिण अफ्रीका यात्रा की स्वीकृति की सूचना भेजी। गोखले की अफ्रीका आने की सूचना से महात्मा गांधी बहुत ज्यादा प्रसन्नचित हुए।

22 अक्टूबर 1912 को गोपालकृष्ण गोखले केपटाउन पहुंचे। संघ सरकार ने गोखले का हार्दिक स्वागत किया व उनके लिए एक अरामदायक रेलवे सैलून की व्यवस्था कर दी। उस समय तो ऐसा लगने लगा जैसे गोरे, गोखले के स्वागत मे. भारतीया. से होड़ ले रहे हैं। दक्षिण अफ्रीका की पूरी यात्रा के लिए अप्रवास विभाग के एक वरिष्ठ अधिकारी रंसिकन की नियुक्ति कर दी गई। सैकड़ा. भारतीया. ने गोपालकृष्ण गोखले का हार्दिक स्वागत किया और एक विशाल जलूस उनके सम्मान मे. निकाला गया जिसमे. 50 कार. थीं। गोखले के भाषण से भारतीय ही नहीं यूरोपियन भी बहुत ज्यादा प्रसन्नचित हुए।

केपटाउन के बाद गोखले, जोहान्सवर्ग गए जहां सत्याग्रह हो रहा था। वहां आयोजित भव्य समारोह मे. यूरोपियना. ने भारी संख्या मे. भाग लिया। मेयर ने गोखले का हार्दिक अभिनन्दन किया। इसके बाद उन्ह. सरकारी कार से, उनके लिए विशेष रूप से खोले गए कार्यालय स्थल तक पहुंचाया गया। जहां वह लोगा. से मिलजुल सकते थे। अपना कार्य कर सकते थे। इस पूरी यात्रा मे. महात्मा गांधी ने उनके सचिव की हैसियत से काम किया।

इस यात्रा के दौरान गोपालकृष्ण गोखले ने एक भोज का आयोजन किया जिसमे. 400 निमन्त्रित अतिथियों मे. 150 यूरोपियन थे। इनमे. से अनेक यूरोपियनों के जीवन का यह पहला अवसर था जब उन्ह. एक भारतीय ने भोज दिया था। इस अवसर पर गोखले का भाषण भी प्रभावशाली सिद्ध हुआ। इस भाषण मे. प्रेम, स्पष्टता और दृढ़ता तीनों ही भरपूर मात्रा मे. थी।

नगर मे. आयोजित एक अन्य सभा मे. गोखले कठिन दुविधा मे. फंस गये कि वह किस भाषा मे. बोले, क्या.कि अंग्रेजी बोलना अप्रसांगिक था और हिन्दी वह धारा प्रवाह बोल नहीं पाते थे। तब गांधी जी के सुझाव पर गोखले ने मराठी मे. अपना भाषण दिया जिसका हिन्दी अनुवाद महात्मा गांधी ने स्वयं किया। इसी तरह जोहांसवर्ग से लेकर जंजीबार तक महात्मा गांधी ने गोखले के मराठी भाषणा. का हिन्दी अनुवाद किया। जबकि उन्ह. मराठी बिलकुल नहीं आती थी। गोखले ने गांधी जी से एक बार पूछा भी, आप मराठी न जानते हुए भी मेरे भाषण का हिन्दी अनुवाद कैसे कर देते हैं। इस पर गांधी जी ने कहा, उन्ह. मराठी नहीं आती है, पर जन-हित म. की गई हर बात वह समझ लेते हैं। चाहे वह किसी भी भाषा मे. क्या. नहीं कही गई हो। जनहित की भावना किसी भी भाषा की मोहताज नहीं, वह तो दिल से निकलने वाली ऐसी भावना है जिसे कोई भी मानव सहज ही समझ सकता है। अपने शिष्य गांधी जी के इस जवाब से गोपालकृष्ण

गोखले बहुत ज्यादा प्रभावित हुए। उन्ह. गांधी का भविष्य बहुत उज्ज्वल दिखने लगा। दूसरी ओर गांधी जी भी इस बात से बहुत प्रसन्न थे कि हिन्दुस्तान से कोसा. दूर, दक्षिण अफ्रीका मे. जहां भारतीय समूह एक लक्ष्य के लिए संघर्ष कर रहा था, किसी भारतीय भाषा का ही सहारा लिया गया था।

गोपालकृष्ण गोखले ने नेटाल से प्रिटोरिया जाकर, जनरल स्मट्स और जनरल बोथा का आतिथ्य ग्रहण किया और अपनी बात कही...। जैसा कि गोखले का गुण था कि वह छोटी-से-छोटी बात मे. भी सही रहते थे। गांधी जी ने इस वार्तालाप का प्रारूप तैयार कर दिया। 15 नवम्बर को बड़े ही मित्रतापूर्ण वातावरण मे. बातचीत आरम्भ हुई। इस वार्तालाप मे. वचन तो अधिक नहीं दिए गए पर आश्वासन भरपूर दिए गए। वार्तालाप के बाद, अप्रवास कानून मे. अवरोध समाप्त करने व तीन पौंड का कर समाप्त किए जाने का आश्वासन दिया गया। पर महात्मा गांधी इन वायदा. की असलियत बहुत अच्छी तरह जानते थे।

प्रिटोरिया जाने से पूर्व गोखले 2 से 4 नवम्बर तक महात्मा गांधी द्वारा स्थापित टालस्टाय फार्म मे. ठहरे। जहां गांधी जी ने गोपालकृष्ण गोखले के व्यक्तिगत सचिव के रूप मे. कार्य करने के अलावा, व्यक्तिगत सेवक के रूप मे. भी काम किया। उन्हा.ने स्वयं गोखले के लिये भोजन बनाया, उनके वस्त्र खुद धोए व प्रेस किए। टालस्टाय फार्म का वातावरण, वहां का सरल जीवन, वहां बच्चा. को दी जा रही शिक्षा से गोखले बहुत ज्यादा प्रभावित हो गए। उनके मन मे. गांधी जी के प्रति आदर की भावना की वृद्धि हो गई।

17 नवम्बर को गोखले दक्षिण अफ्रीका से जंजीबार होते हुए समुद्र यात्रा द्वारा हिन्दुस्तान वापस आ गए। रास्ते-भर हर बन्दरगाह पर उनका भव्य स्वागत हुआ। गोखले की इच्छा थी कि गांधी जी भी दक्षिण अफ्रीका छोड़कर उनके साथ भारत चल. और स्वाधीनता संग्राम की बागडोर संभाल.।

गोखले के पीठ मोड़ते ही अफ्रीका के दोना. जनरलों ने गोखले को दिये अपने वचन तोड़ दिए। गांधी जी तो यह बात पहले ही जानते थे पर गोपालकृष्ण गोखले को बम्बई पहुंचते ही, फिरोजशाह मेहता और वाचा की आलोचना का शिकार बनना पड़ा। उन्हा.ने इस तथाकथित समझौते के लिये गोखले की कटु आलोचना की। पर इसके बावजूद गोखले और दक्षिण अफ्रीकी संबंधी समझौते को कांग्रेस अधिवेशन मे. पारित कर दिया गया।

इस समझौते के चन्द दिन बाद ही सर्वोच्च न्यायालय ने फैसला दिया

कि प्रवासी भारतीया. के दक्षिण अफ्रीका से बाहर किए विवाह अवैध हैं। भारत मे. विवाहित उनकी पत्नियां दक्षिण अफ्रीका की भूमि पर पैर नहीं रख सकैंगीं। एक मुसलमान की विवाहित पत्नी को दक्षिण अफ्रीका से चले जाने को कहा गया। इस तरह भारत मे. विधिवत विवाहित पत्नियां भी दक्षिण अफ्रीका मे. कदम नहीं रख सकती थीं। महात्मा गांधी की पत्नी कस्तूरबा तक सब महिलाआ. ने दक्षिण अफ्रीका का यह कानून तोड़कर जेल जाने का कार्य किया।

गोखले ने इन सभी सत्याग्रहियों की भरपूर सहायता की। भारत के वायसराय सहित भारतीय जनता दक्षिण अफ्रीका मे. रहने वाला. की हार्दिक सहायता की।

जिस पर दक्षिण अफ्रीका की संघ सरकार ने जस्टिस नीलोमन की अध्यक्षता मे. एक आयोग की स्थापना की।

गोपालकृष्ण गोखले समझ रहे थे कि इस आयोग की स्थापना से झगड़ा शांत हो जाएगा व समझौते की कोई राह नजर आ जाएगी। उन्हा.ने इस सम्बंध मे. लार्ड हार्डिंग से बातचीत की। इस पर लार्ड हार्डिंग ने दक्षिण अफ्रीका संघ की सरकार की कटु आलोचना की, जिस पर दक्षिण अफ्रीका और इंग्लैंड तक मे. तहलका मच गया; जिस पर हार्डिंग को इंग्लैंड वापस बुलाने तक की मांग होने लगी। पर ब्रिटिश सरकार यह अच्छी तरह जानती थी कि इससे भारत मे. गंभीर खतरा हो जाएगा।

लार्ड हार्डिंग की दृढ़ता के कारण, सर ब.जामिन राबर्टसन को नियुक्त कर एक आयोग की स्थापना की गई। इस स्थिति मे. गोखले ने गांधी जी को दक्षिण अफ्रीका मे. संघर्ष समाप्त करने की सलाह दी। गांधी जी ने इस सलाह के जवाब मे. अपना पक्ष रखा।

इधर गोखले शारीरिक रूप से अस्वस्थ थे। उनके हृदय पर मानसिक व शारीरिक आघात पड़ा तो उनका प्रमेह बढ़ गया। जिससे उनके शरीर पर बहुत अधिक आघात-प्रतिघात पड़े। इस संकटकाल मे. भी वह अपने हृदय को दाहिने हाथ से संभाले, झुक-झुक कर चला करते थे। ऐसा लगता था जैसे वह अपनी चैतन्य सीमा के काफी नजदीक आ पहुंचे थे। एक बार एक जन सभा मे. बोले - "वायसराय ठीक कहते हैं। संकल्प करके अपने आपको बांधने की आवश्यकता गांधी को क्या पड़ी थी। यह राजनीति है और राजनीति का सारतत्त्व है समझौता।" उनके इस आक्रोश का कारण यह था कि वह गांघी जी को बहुत ज्यादा चाहते थे। वह यह चाहते थे कि महात्मा गांधी की कठिनाइया. का किसी प्रकार अंत हो।

पर गांधी जी तो किसी अन्य धातु के ही बने थे, उन्हा.ने गोखले से अपना कार्य पूरा करने के लिये आशीर्वाद मांगा। गोखले ने गांधी जी से असहमत होते हुए भी उन्ह. अपना आशीर्वाद भी दिया और भरपूर सहयोग भी दिया। रैम्जे मेकडानल्ड, सर वैलेटाईन चिरोल और भारतीय नरेशा. से उन्हा.ने गांधी जी को भरपूर आर्थिक सहायता दिलवाई। आखिर 12 जनवरी 1914 को महात्मा गांधी और जनरल स्मट्स के बीच समझौता हो ही गया।

इधर सर बैंजामिन राबर्टसन के दुर्व्यवहार के कारण भारतीया. का सहयोग उन्ह. प्राप्त नहीं हुआ। महात्मा गांधी और उनके अनुयायिया. ने उनको कोई साक्ष्य नहीं दिया, जिससे आयोग ने अपना काम यो. ही पूरा कर लिया। आगे चलकर आयोग की सिफारिशा. को स्वीकार कर लिया गया। इसे भारतीय रिलीफ विधेयक मे. समाहित कर लिया गया। जिसके अनुसार तीन पौंड कर की समाप्ति, भारत मे. वैध सभी विवाहा. को दक्षिण अफ्रीका मे. वैध ठहरा दिया गया। 26 जून 1914 को यह विधेयक 24 के मुकाबले 64 मता. मे. परित कर दिया गया।

गोखले लंदन मे. बीमार थे। इसलिए गांधी जी दक्षिण अफ्रीका से उनके हालचाल जानने लंदन गए। पर गोखले स्वास्थ्य-लाभ के लिये पेरिस जा चुके थे, जहां से लंदन के लिए युद्ध के कारण कोई सम्पर्क सूत्र नहीं थे।

बाद मे. गोखले जब लंदन लौटे तब दोना. ही बीमार थे। गोखले को हृदय रोग सता रहा था और गांधी प्लूरिसी से पीड़ित थे। गोखले ने गांधी जी को डॉ. जीवराज मेहता से अपनी चिकित्सा कराने को कहा, जिसे गांधी जी ने स्वीकार कर लिया। लंदन का कोहरेदार मौसम गोखले को नहीं सुहाया। इस कारण वह वापिस भारत लौट आये।

लोक सेवा आयोग की स्थापना मे. योगदान

20 नवम्बर 1914 को गोपालकृष्ण गोखले अपनी सातवीं इंग्लैंड यात्रा से वापस लौट आये। गोपालकृष्ण गोखले लोकसेवा आयोग की बैठका. मे. भाग लेने गये थे। इंग्लैंड मे. उनका स्वास्थ्य बुरी तरह बिगड़ गया था, जहां डॉक्टरा. ने पाया कि वह गम्भीर रूप से हृदय रोग से पीड़ित हैं। उस समय हृदय रोग की न तो आज जैसी व्यापकता थी और न ही इतनी आधुनिक चिकित्सा प्रणाली ही उपलब्ध थी। इस कारण डॉक्टरा. ने यह चेतावनी-सी दे दी कि गोपालकृष्ण गोखले का जीवन अब मात्र तीन साल का ही शेष रह गया है।

गोपालकृष्ण गोखले के भारत लौटते ही, महात्मा गांधी गोखले से भ.ट करने पूना आए थे। जहां आपसी बातचीत मे. गोखले ने महात्मा गांधी से अब कुछ दिन भारत मे. ही रहकर, भारतीय जनमानस का चरित्र समझने व अब भारत मे. ही रहकर स्वतन्त्रता आंदोलन का नेतृत्व संभालने की आज्ञा दी थी। साथ-साथ गोखले यह भी चाहते थे कि महात्मा गांधी, 'संर्वेट्स ऑफ इण्डिया सोसायटी' के आजीवन सदस्य बन जाएं। गांधी जी भी इसके लिये उत्सुक थे पर 'संर्वेट्स ऑफ इण्डिया' के आजीवन सदस्य गांधी जी के सोसायटी मे. सम्मिलित होने के सख्त खिलाफ थे। उन सबका विचार था कि ...गांधी जी के आदर्श और उनके काम करने का ढंग सोसायटी के आदर्शों से भिन्न है। अतः उनका तुरन्त सोसायटी मे. शामिल होना किसी भी प्रकार उचित नहीं है।

पर गोखले ने गांधी जी को आश्वस्त किया, वह जरा भी विचलित न हों। आपको उन्ह. देर-सवेर सोसायटी मे. शामिल करना ही पड़ेगा भले ही देर क्यों न हो... और अगर आपको सोसायटी मे. शामिल न भी किया जाए, तो भी उनके मन मे. आपके प्रति पूरा-पूरा आदर रहेगा। शायद

आपके प्रति आदर भाव कम ना हो जाए इस कारण ही सोसायटी के लोग आपको सम्मिलित नहीं करना चाहते। फिर आप औपचारिक रूप से सदस्य बने या न बने मैं तो आपको हमेशा ही सोसायटी का सदस्य मानता हूं व मानता रहूंगा। गांधी जी के लिये गोखले के अपने प्रति इतने उद्‌गार ही बहुत थे।

गांधी जी के साथ इंग्लैंड से फोनिक्स आश्रम के कुछ कार्यकर्ता भी आए थे, जो कि भारत मे. आश्रम खोलना चाहते थे। गोखले को जब यह बात पता चली तो उन्हा.ने आश्रम के लिये जमीन और आर्थिक सहायता देने की इच्छा प्रकट की। आगे भी आश्रम का सारा खर्च वह पूरी तरह सोसायटी की ओर से ही देने को तैयार थे। उन्हा.ने तुरंत सोसायटी के खर्च से गांधी जी को नकद राशि प्रदान करने का आदेश दिया और ऐसी व्यवस्था भी कर दी कि उन्ह. हमेशा आश्रम के लिए सोसायटी से धन प्राप्त होता रहे। गोखले के इस अपार प्रेम को देखकर गांधी जी ने उनकी तुलना गंगा समान पवित्र नदी से की। गांधी जी ने गोखले को सदा अपना गुरु माना, पर वास्तव मे. गोखले, गांधी जी के लिए माता-पिता सब कुछ थे।

गोखले ने लोक सेवा आयोग की स्थापना के समान इस बात पर जोर दिया कि नौकरिया. के लिए भारतीय और यूरोपियना. के मतभेद को पूरी तरह समाप्त कर देना चाहिए। अपने सभी बजट भाषणों मे. भी गोखले ने इस बात पर पूरी तरह जोर दिया कि भारतीया. के सभी वैध अधिकार तुरंत स्वीकार कर लिए जाने चाहिए। बेल्वी आयोग के सामने भी वह यह मांग पहले ही कर चुके थे। 17 मार्च 1911 को इम्पीरियल लेजिस्लेटिव एसेम्बली मे., श्री एन. सुब्बाराव पांटलु ने देश के उच्चतम प्रशासनिक पदा. पर भारतीया. की नियुक्ति का प्रस्ताव रखा था, जिसका गोखले ने भरपूर समर्थन किया था। सरकार उसको मानने को तैयार नहीं थी, इसलिए टालमटोल करती रही।

पच्चीस वर्ष पूर्व रानाडे की सदस्यता वाला एक आयोग लोकसेवा आयोग की स्थापना के लिए बना था, जिसकी सिफारिशा. को सरकार ने स्वीकार नहीं किया। अब सरकारी प्रवक्ता ने इस आयोग की सिफारिशा. को स्थानीय सरकारा. को भेजने की बात स्वीकार की ताकि यह पता लगाया जा सके कि इस प्रस्ताव को कहां तक कार्य रूप दिया जा सकता था। सरकार सम्राट जार्ज पंचम की यात्रा के समय कोई भी आन्दोलन नहीं होने देना चाहती थी।

इस प्रस्ताव के ही जवाब मे. लार्ड इंलिंग्स्टन की अध्यक्षता मे. एक

आयोग की स्थापना की गई, जिसके तीन भारतीय सदस्य गोखले, एम. जी. चौबल व अब्दुल रहीम और अंग्रेज सदस्या. मे. रेम्जे मेकडोनाल्ड और वैलेटाईन चिरोल शामिल थे।

उक्त आयोग ने दिसम्बर 1912 मे. मद्रास मे. अपना कार्य आरम्भ किया और 14 अगस्त 1915 को अपनी रिपोर्ट प्रस्तुत की। उक्त आयोग ने इंग्लैंड के अलावा सारे देश मे. जाकर साक्ष्य संग्रह किया। आयोग के गैर सरकारी सदस्य होने के कारण, गोपालकृष्ण गोखले का कार्य बहुत कष्टसाध्य रहा, उसका सबसे मुख्य कारण एक तो उनका गिरता हुआ स्वास्थ्य, दूसरे पूरा शासक वर्ग उनके सख्त खिलाफ था। कारण आयोग के यूरोपियन सदस्य और अंग्रेज शासक यह मानते थे कि भारत मे. प्रतिभा का सख्त अभाव है। योग्य भारतीय मिलते नहीं हैं। जबकि गोखले ने इस बात का हर जगह खंडन किया, साथ-साथ उन्हा.ने अपनी आदत के अनुरूप लिखित आंकड़े भी सामने रखे। इस आयोग के काम पूरा होने तक गोखले जीवित नहीं रहे। उन्हा.ने इस आयोग के लिये बीस-बीस घंटे अथक परिश्रम किया। सच कहा जाए तो दक्षिण अफ्रीका ने और इस आयोग ने उनके जीवन के दस-दस वर्ष के लिए और वह बीस वर्ष पूर्व ही इस दुनिया से चले गए।

आयोग ने यह स्वीकार किया कि गोखले ने, देश की लोक सेवाआ. से सम्बन्धित प्रश्ना. का अध्ययन अत्यंत सावधानी और निष्ठापूर्वक किया था। उनके अध्यवसाय व आत्मत्याग की बदौलत ही आयोग अपना कार्य सम्पूर्ण कर सका है।

गोपालकृष्ण गोखले के संबंध मे. यह कहा जा सकता है, लार्ड बिलिंगडन ने गोखले की योजना के अनुरूप ही सारा कार्य किया था। लार्ड बिलिंगडन द्वारा गोखले का चुनाव करने का कारण यह था कि गोखले और सरकार की योजना पूरी तरह एक थी। इस कारण गोखले को अंग्रेज सरकार ने न चाहते हुए भी कई बार मध्यस्थ स्वीकार किया है। यह योजना भारतीय जनता से विश्वयुद्ध के समय पूरी तरह सहयोग प्राप्त करने की थी। गोखले इस योजना को पूरी तरह गुप्त ही रखना चाहते थे, क्या.कि इससे भारत के सभी राजनेता उनके सख्त खिलाफ हो सकते थे। गोखले की यह चिंता पूरी तरह उचित ही थी, उन्हा.ने इस संबंध मे. फिरोजशाह मेहता और आगा ख़ान से डाक द्वारा सलाह की। उन दोना. ही महानुभावा. ने गोखले को विचार विमर्श के लिए बम्बई बुलाया।

गोखले अपने खराब स्वास्थ्य के कारण बम्बई नहीं जा सके थे।

उन्हा.ने इन दोना. को पूना बुलाया। पर दोना. के आने से पूर्व ही गोखले को यह महसूस होने लगा कि अब उनका अन्त निकट आता जा रहा है, उन्हा.ने एक प.सिंल से ज्यादा कागज पर इस बातचीत का ब्यौरा लिख दिया, जो आज भी राष्ट्रीय धरोहर है।

गोपालकृष्ण गोखले स्वराज के आकांक्षी थे। स्वराज्य से उनका मतलब था, "भारत द्वारा राजनीतिक दृष्टि से उसके समान प्राप्ति जो कि डोमेनियना. को प्राप्त थी। उससे अधिक कुछ नहीं जो स्वशासी डोमिनियना. के पास है व राष्ट्रमण्डलीय स्थिति के बाहर नहीं उसके अन्दर ही वह अपना लक्ष्य भी पूरी तरह सांविधानिक उपायों द्वारा प्राप्त करना चाहते थे।"

गोपालकृष्ण गोखले के प्रिय शिष्य गांधी ने सन् 1930 तक डोमिनियन स्टेट्स की ही मांग की थी। जैसे-जैसे समय बदला अंग्रेजा. की नियत बदली। गांधी जी ने अपने सिद्धांता. को बदल डाला।

कांग्रेस के नरम दल व गरम दल के विषय मे. गोखले और लोकमान्य तिलक के सूरत कांग्रेस मे. हुए मतभेदों पर अन्तिम दृष्टि डाल लेना भी अवश्यक है। तिलक को इन्हीं दिना. छः माह के लिए मांडले जेल भेज दिया गया था। कांग्रेस के ऊपर पूरी तरह नरम दल वाला. का कब्जा हो गया था। इस विरोध के कारण आगे के कांग्रेस अधिवेशन उत्साहरहित हो गए थे। इस तरह की निष्प्राण संस्था सरकार की दमन नीति का किस तरह सामना कर सकती थी। अतः कुछ समय बाद ही नरम दल वाला. को लगा कि बिना गरम दल के आए कांग्रेस संगठन मे. जान नहीं आएगी। इस जनभावना का ध्यान रखकर गोपाल कृष्ण गोखले ने अपनी वरिष्ठ सहयोगिया. को गरम दल से मिलकर काम करने की सलाह दी, जिस पर अमल करने का तुरंत प्रयास प्रारम्भ हो गया।

दूसरी ओर नरम दल वाला. की संख्या भी कम होती जा रही थी, इस स्थिति मे. कांग्रेस का नेतृत्व लोकमान्य तिलक के पास चला जाता या कांग्रेस दल समाप्त हो जाता। गोखले कांग्रेस को पूरी तरह जिन्दा देखना चाहते थे इसलिए उन्हा.ने तिलक का नेतृत्व स्वीकार करने मे. कोई आपत्ति नहीं की। यह अधिसूत्र भी श्रीमति एनिबेस.ट का दिया हुआ है, जो सर्वेंट्स ऑफ इंडिया सोसायटी की शह से राजनीति मे. नई-नई आई थीं। तिलक और गोखले की सहमति लेकर एनिबेस.ट मद्रास गई जहां कांग्रेस का महाधिवेशन होने वाला था। पर श्री फिरोजशाह मेहता और वाचा की असहमति के कारण यह समझौता कार्यरूप नहीं ले पाया।

बाद मे. गोखले ने कांग्रेस के तत्कालीन अध्यक्ष श्री भूपेन्द्र वसु को

पत्र लिख सूचित किया कि नरम दल के लोगा. के समर्थका. को कांग्रेस मे. प्रवेश दिया गया तो वह विद्रोह कर द.गे। इस पर बहुत हंगामा हुआ और अंततः इस विषय पर एक कमेटी की स्थापना की गयी। जिसने 1915 मे. अपनी रपट दी, तब कांग्रेस ने नरम दल को पुनः कांग्रेस मे. प्रवेश दिया। 1916 से गरम दल को कांग्रेस मे. पुनः प्रवेश प्राप्त हो गया।

पर गोखले और लोकमान्य तिलक के बीच बाद-विवाद काफी लम्बे समय तक चलता रहा। तिलक ने 'केसरी' मे. यह लिखा था कि गोखले के इस पत्र को बसु ने उचित नहीं माना था, उन्हा.ने गोखले से इस तरह के आरोप लगाए जाने वाले पत्र को वापस लेने की अपील की थी।

गोखले और तिलक इस आपसी मतभेद मे. मदनमोहन मालवीय ने हस्तक्षेप किया और दोना. के बीच की खाई पाटने की पूरी-पूरी कोशिश की।

मद्रास कांग्रेस अधिवेशन बिना किसी निष्कर्ष के समाप्त हो गया। अधिवेशन के बाद भी नरम दल व गरम दल वालों को यह असन्तोष रहा कि उन्ह. अपना पक्ष पूरी तरह रखे जाने का मौका नहीं मिला।

आखिर गोखले ने इस विवाद का अंत करने के लिये यहां तक कह दिया कि भूपेन्द्र बसु को भेजा गया पत्र पूरी तरह व्यक्तिगत था और उसमे. व्यक्त विचार भी उनके व्यक्तिगत विचार ही थे। बाद मे. श्री बसु ने भी इसे यह कहकर स्वीकार किया कि यह पत्र गोखले ने अपनी इच्छा से नहीं लिखा है बल्कि मेरे कहने पर, मेरे आग्रह पर लिखा था। इस तरह इस अप्रिय प्रसंग का अंत हुआ। पर गोखले और तिलक के बीच मतभेदा. की खाई उन दोना. म. जीवन-प्रयत्न बनी रही। मृत्यु ने ही इन मतभेदा. को स्वतः समाप्त कर डाला था।

यदि इन दोना. ही महान नेताआ. ने अपने आपसी मतभेद भुलाकर कांग्रेस व देश की सेवा की होती तो आज भारत का इतिहास कुछ और होता और देश की आजादी भी समय से पूर्व ही मिल चुकी होती।

अन्तिम झण

गोपालकृष्ण गोखले के जीवन के अन्तिम क्षण आ पहुंचे थे। यों तो इंग्लैंड के डॉक्टरा. ने उन्ह. यह चेतावनी दे दी थी कि वह अपने कार्य शीघ्र पूरे कर ल., क्योंकि उनका जीवनकाल अब ज्यादा लम्बा नहीं है। पर गोपालकृष्ण गोखले मृत्यु समय से उतने पीड़ित नहीं थे जितना कि एक साधारण प्राणी होता है। वह तो मृत्यु की प्रतीक्षा, 'गीतांजलि' की वधू की भांति कर रहे थे जो मृत्यु की प्रतीक्षा करती थी।

गोखले ने ध्यान अथवा धारणा को ग्रहण नहीं किया था। वह ना तो परमात्मा के साकार रूप के उपासक थे और ना ही उन्हा.ने कोई तीर्थयात्रा ही की थी। अपने दैनिक जीवन को जरूर उन्हा.ने एक आध्यात्मिक रूप दिया था।

13 फरवरी 1915 को गांधी जी का नागरिक अभिनंदन, सोसायटी के तत्वाधान मे. आयोजित था। गोपालकृष्ण गोखले भी उसमे. भाग लेने वाले थे। पर अचानक ही वह अचेत हो गए। तनिक-सा भी होश आने पर उन्ह. अपने रुके हुए कर्मों की चिन्ता हुई। 17 तारीख तक वह पत्रा., लेखा. के प्रारूप तैयार करते रह. जिन्ह. लार्ड विलिगंडन को देना था। 18 फरवरी को सुबह उनकी तबियत बहुत ज्यादा बिगड़ गयी। उस समय तक भी वह भारतीय संविधान का प्रारूप तैयार करते रहे जो उन्हा.ने प.सिल से तैयार किया था। लोक सेवा आयोग की स्थापना की रपट भी काफी तैयार कर चुके थे।

19 फरवरी को सुबह उनकी दशा देखकर, उनके निजी चिकित्सक डॉक्टर देव को लगने लगा कि अब गोपालकृष्ण गोखले के जीवन का अन्तिम समय आ गया है। उन्हा.ने दो प्रसिद्ध डॉक्टरा. वी.सी. गोखले और शिखरे को सलाह करने के लिए बुला लिया। तब तक गोखले को कुछ

होश आ गया था। उन्हा.ने ज्यादा भीड़ इकट्ठा करने को मना किया। वह शांतिपूर्वक मृत्यु की ओर जाना चाहते थे। अपनी बहन और बेटिया. को अपने पास बुला कर गोखले न उन्ह. समझाया, वह सब ज्यादा अधीर ना हा.। उन्हा.ने उन सबके भविष्य का पूरा-पूरा इंतजाम कर दिया है। सोसायटी के सभी सदस्या. से उन्हा.ने विदा ली। सोसायटी के एक सदस्य वामनराव पटवर्द्धन से अपने कठोर व्यवहार की क्षमा-याचना की। अपने निजी सेवका. और भोजन बनाने वाले सेठ तक से उन्हा.ने जी भरकर बातचीत की। डॉ. देव और अपने घनिष्ठ मित्र एम.एन. आप्टे उनके पास बैठे थे। उन्हा.ने आप्टे से कहा था, "मैंने जीवन का एक पक्ष तो देख लिया अब दूसरा पक्ष देखूंगा।"

अब गोखले को लगने लगा कि उनका अन्तिम समय आ गया है। उन्हा.ने अपने कपड़े व्यवस्थित कर उन्ह. अपनी प्रिय आराम कुर्सी पर बिठलाने को कहा...। ठीक 10 बजकर 25 मिनट पर गोखले के जीवन का दीपक बुझ गया। गोखले की मृत्यु का समाचार सारे देश मे. फैल गया।

दूसरे दिन सोसायटी के भवन मे. उनका शव दर्शनार्थ रख दिया गया, जहां हजारा. श्रद्धालुआ. ने उन्ह. अपनी श्रद्धांजलि अर्पित की। दोपहर तक तिलक, महात्मा गांधी, डॉ. आर. जी. भंडारकर, डॉ. आर. पी. परांजपे जैसे उनके मित्र और सहयोगी आ गए। महामहिम जार्ज पंचम, लार्ड हार्डिंग, डॉ. सप्रू तथा अनेक राजा-महाराजाआ. का शोक-संदेश आ पहुंचा।

20 फरवरी 1915 को गोपालकृष्ण गोखले का पार्थिव शरीर अग्नि को समर्पित कर दिया गया।

3 मार्च 1915 को पूना मे. महात्मा गांधी की अध्यक्षता मे. एक शोक-सभा हुई जिसमे. आगा ख़ान व कई प्रदेशा. के गवर्नरा., राजाआ., नवाबा. आदि ने शोक प्रकट किया।

गोखले के सम्बन्ध मे. सुप्रसिद्ध कवियत्री सरोजनी नायडू ने कहा, "गोखले, बहुत सत्यवादी, स्पष्टवादी, मेघावी व्यक्ति थे।"

महात्मा गांधी, जो कि गोखले को अपना गुरु मानते थे-उनकी इच्छा थी कि वह गोखले द्वारा स्थापित सर्वेंटस ऑफ इंडिया सोसायटी मे. सम्मिलित हो जाएं। गोखले की मृत्यु के बाद ही उनकी इच्छा पूरी हुई।

जवाहरलाल नेहरू के मन मे. भी गोखले के प्रति बहुत ही ज्यादा इज्जत थी। उन्हा.ने नेहरू जी से कहा था-मुझे तुमसे बहुत ज्यादा आशाएं हैं। तुम अभी नौजवान हो, तुम्ह. बहुत काम करना है। डॉक्टर राजेन्द्र प्रसाद भी गोखले से बहुत ज्यादा प्रभावित थे। वह भी सर्वेंटस आफ इंडिया

सोसायटी के सदस्य बनना चाहते थे। गोखले की लड़किया. ने लिखा... मेरे पिता सार्वजनिक जीवन मे. इतना ज्यादा व्यस्त रहते थे कि वह अपने घर मे. भी एक मेहमान की हैसियत से ही रहा करते थे। मुझे बाद मे. पता चला कि परिवार के अलावा भी उनका एक जीवन है और वह जीवन पारिवारिक जीवन से कहीं ज्यादा महत्वपूर्ण है।

गोखले के स्मारक के रूप मे. सर्वेंटस ऑफ इडिया सोसायटी फर्ग्युसन कॉलेज, दक्षिण भारत एजूकेशन सोसायटी आज भी अपना कार्य उसी सत्य और निष्ठा से कर रही है। भले ही आज के समय मे. इन संस्थाआ. के कार्यों की प्रासांगिकता हो या ना हो।

गोखले और तिलक

तिलक और गोखले के जीवन मे. एक ही साम्य है। दोना. का ही जन्म महाराष्ट्र के कोकण भूभाग के रत्नागिरी जिले मे. हुआ है। दोना. के ही जीवन का अधिकांश भाग पूना मे. बीता। दोना. ने ही शिक्षक के रूप मे. अपना जीवन प्रारम्भ किया। गोखले तिलक से पूरे दस वर्ष छोटे थे। अत: गोखले तिलक के जीवन से ही प्रेरणा प्राप्त करके डेक्कन एजूकेशन सोसायटी के आजीवन सदस्य बन गए। दोना. ने ही एक मंच से अपना सार्वजनिक जीवन प्रारम्भ किया। दोना. ने ही राष्ट्र की सेवा के लिए अनेका. कठिनाइयां सही और अपना जीवन देश को समर्पित कर दिया। दोना. ही आजीवन कांग्रेस के सदस्य रहे। गोखले तो सन् 1905 मे. कांग्रेस अध्यक्ष भी रहे। तिलक से भी कांग्रेस अध्यक्ष बनने के लिए कई बार कहा गया पर तिलक ने कांग्रेस अध्यक्ष बनना कभी स्वीकार नहीं किया। दोना. ही नेताआ. को पर्याप्त प्रसिद्धि प्राप्त हुई। दोना. के बीच का विवाद भी सदा चर्चा का विषय बना रहा। पर आज भी गोखले और तिलक नाम भारतीय स्वतंत्रता संग्राम मे. स्वर्णाक्षरा. मे. लिखा जाएगा।

गोखले और तिलक मे. ऊपरी तौर पर भले ही कितनी भी समानताएं क्या. ना हा. पर अंदरूनी तौर पर दोना. ही के बीच एक-दूसरे की कार्य-पद्धतिया. को लेकर तीव्र मतभेद था। यह मतभेद व्यक्तिगत स्वभाव, राजनीतिक सिद्धांता., आदर्शों के क्षेत्र तक फैला हुआ था। गोखले विनम्र और भावुक व्यक्ति थे, जबकि तिलक स्वेच्छा सम्पन्न सिद्धांतवादी थे। गोखले गंगा के समान थे, जिसमे. स्नान कर आदमी निर्मल हो जाता है जबकि तिलक अथाह महासागर के समान थे, जिसमे. कूदना हंसी-खेल नहीं है। गोखले

को रानाडे के शिष्य होने का गर्व था। उसके विपरीत तिलक किसी को भी अपना गुरु मानने को तैयार नहीं थे। गोखले अपने आप तो ठीक मार्ग पर रहते थे, किन्तु जब फिरोजशाह मेहता अगर गलत रास्ते पर होते, तब वह यह जानकर कि गलत मार्ग है इस पर भी उनका साथ देने को तैयार रहते थे। तिलक जो सोचते उसे ही सत्य मानते थे। गोखले प्रशंसा के लिए लालायित रहते थे जबकि तिलक कर्तव्य को ही अपना पुरस्कार मानते थे। गोखले उस कोमल बल्लरी के समान थे जिसे सहारे के लिए एक वृक्ष की आवश्यकता पड़ती है और तिलक स्वयं एक विशाल वटवृक्ष थे जिसके चारा. ओर से शाखाएं उपशाखाएं निकली हुई थीं।

राजनीति मे. गोखले उदार विचारा. के थे। वह राजनीति के आध्यात्मिकरण के पक्षधर थे। तिलक उग्र विचारों के व्यक्ति थे और इस पर उन्ह. गर्व भी था। उनका विचार था कि राजनीति दुनियादार लोगा. का खेल था। गोखले समझते थे कि ब्रिटिश सम्पर्क निर्यात का विधान है और भारत के हित मे. है। पर तिलक भारत पर ब्रिटिश विजय को न्यायोचित ठहराने और नियति पर विश्वास करने वाला. यानि नरम दल वाला. की तीव्र भर्त्सना करते थे। गोखले जहां अनुनय विनय, समझाने-बुझाने और अपील करने के वैधानिक ढंग से विरोध प्रकट करने मे. विश्वास करते थे वहां तिलक आत्म सम्मान, आत्मनिर्भरता और शक्ति पैदा करने की कोशिश करते थे।

इसलिए यह बात कतई आश्चर्यजनक नहीं कि अपने सार्वजनिक जीवन के प्रारम्भिक दौर से ही तिलक और गोखले ने अपने आपको दो अलग-अलग खेमा. मे. बांट लिया था, जिस समय गोखले और तिलक एजुकेशन सोसायटी के सदस्य थे उसी समय से उनके आपसी मतभेद खुलकर सामने आने लगे। गोखले को सार्वजनिक सभा का मंत्री बनने की अनुमति दिए जाने का कारण ही तिलक को सोसायटी से इस्तीफा देना पड़ा। इसके बाद गोखले और तिलक मे. अनेका. सार्वजनिक मामला., सुधार के प्रश्ना. को लेकर तीव्र मतभेद पैदा हो गए। एक तरह से गोखले का सार्वजनिक सभा पर पूरी तरह कब्जा नहीं हो पाया, क्या.कि तिलक उस पर अधिकार जमाए हुए थे। तब रानाडे ने गोखले को स्थापित करने के लिए सार्वजनिक सभा के विरोध मे. डेक्कन सभा की स्थापना की। डेक्कन सभा मे. सम्मिलित होना तिलक के सम्बंध विच्छेद के समान था।

इस घटना के बाद तिलक और गोखले जीवन-पर्यन्त एक दूसरे के कट्टर विरोधी बने रहे। जैसे-जैसे तिलक की राजनीति उग्र होती गई वैसे-वैसे गोखले उदारवादी दांवपेंच से समृद्ध होते गए। गोखले की प्रतिभा का पता

संसदीय बहस-मुबाहसा. के दांवपेचों मे. मुखरित होता था और सुप्रीम लेजीस्लेटिव काउंसिल मे. दिए गए उनके जोरदार भाषणा. म. से लगभग सभी आज भी पठनीय हैं। दूसरी ओर तिलक यह महसूस करते थे कि केवल सामूहिक कार्रवाई से ही राष्ट्र का उद्धार हो सकता है। इसलिए जनता को शिक्षित करने की और भड़काओं व संगठित करो-यही उनका लक्ष्य था।

यह विश्वास करने के कुछ कारण मौजूद हैं कि गोखले एक प्रकार से नरम दल वाला. के बीच थोड़ा गरम विचारों के थे। इसलिए अगर उन्ह. अकेले छोड़ दिया गया होता तो सम्भव था कि वह धीरे-धीरे उसी स्थिति मे. आ जाते जो तिलक की थी। उदाहरणार्थ गोखले का लार्ड कर्जन को औरंगजेब के समान ठहराना व उनकी आलोचना करना, बनारस कांग्रेस अधिवेशन मे. दिए गए भाषण मे. बहिष्कार का जोरदार समर्थन करना इस बात के प्रमाण हैं। सर वैलेन्टाईन चिरोल ने उस समय गोखले की कटु आलोचना करते हुए कहा था कि गोखले के लिए यह शर्म की घड़ी है, क्या.कि इस समय तिलक ने उन्ह. उस राह पर पहुंचा दिया है जहां से दक्कन मे. गोखले ने तिलक को प्रतिक्रियावादी कहा था और उनके उत्तेजनात्मक तरीके का विरोध किया था। इसके अलावा बनारस कांग्रेस मे. उसने जब अध्यक्ष पद का बहिष्कार किया था, जिसका निश्चित राजनीतिक उद्देश्य था-एक शस्त्र के रूप मे.।

गोखले इस प्रकार की टीका टिप्पणिया. और फिरोजशाह मेहता की प्रतिक्रिया से शीघ्र प्रभावित हो जाया करते थे। और इस प्रकार गुमराह होकर उन्ह. अपने उदार विचारा. की ओर लौटने मे. ज्यादा समय नहीं लगता था। कलकत्ता कांग्रेस अधिवेशन तक स्वदेशी और बहिष्कार के प्रति उनके विचारा. मे. स्पष्टत: परिवर्तन आ गया था जिसके कारण तिलक ने केसरी मे. लिखा...

गोखले का यह कहना है कि मैं नये दल मे. नहीं हूं, साथ ही यह बात सभी जानते हैं कि पिछले कांग्रेस अधिवेशन मे. उनके दल ने स्वदेशी और बहिष्कार के प्रस्ताव को बड़े ही अनमने रूप से स्वीकार किया था। उनके दल का स्वाभाविक झुकाव इस ओर है कि ब्रिटिश सरकार के साथ अच्छे सम्बन्ध बनाए रखे जाएं और नौकरशाही से हर प्रकार से अनुनय विनय के साथ कुछ चीज. हासिल की जाएं। लेकिन पिछले कांग्रेस अधिवेशन के बाद से गोखले नरम रुख़ को अख्तियार नहीं कर सकते हैं। कांग्रेस के आदर्शों और स्वदेशी के प्रति उन्ह. अपना अस्पष्ट रुख़ त्याग देना ही होगा और कोई निश्चित रुख़ अपनाना होगा। वास्तव मे. यह जटिल स्थिति है

और हम लोग यह जानने के इच्छुक हैं कि गोखले इस स्थिति से निकलकर अपना कमाल किस प्रकार दिखलाते हैं। अब उनके भाषणा. को पढ़कर हमारी ये जिज्ञासा पूरी तरह शांत हो गई है और हम पूरी तरह निराश हो चुके हैं।

अपने दल की विचारधारा से इस अन्तरविरोध के लिए गोखले को दोषी नहीं ठहराया जा सकता है। यह अन्तर्द्वंद्व तो उस दल की विचारधारा मे. ही अंतर्निहित है। अत: वह जितना ही अपने पक्ष को स्पष्ट करने की कोशिश कर.गे उतना ही अधिक वह उसकी कमजोरी की ओर सचेत हा.गे और अगर वह इससे निकलने की कोशिश कर.गे तो उनके कार्य तो नहीं पर उनकी विचारधारा जरूर ही नए दल की विचारधारा से मेल खाने लगेगी।

इससे पूर्व सूरत कांग्रेस अधिवेशन से पहले रखे जाने वाले प्रस्तावा. के प्रारूप बनाते समय व उनमे. महत्वपूर्ण परिवर्तन करने की गोखले की संदिग्ध भूमिका देख चुके हैं जिसके लिए गोखले ने बड़े ही अविश्वसनीय कारण पेश किए थे। इसमे. कोई संदेह नहीं कि गोखले ने मेहता, बनर्जी और घोष के कहने पर ही ऐसा किया था। जब उन्हा.ने यह देखा कि उक्त प्रस्तावा. मे. अनधिकृत हेर-फेर के कारण हंगामा खड़ा हो गया है, तब वह कलकत्ता कांग्रेस मे. हुए पारित प्रस्तावा. पर लौट आने को तुरन्त सहमत हो गए। लेकिन तब तक जो कुछ बिगड़ना था वह बिगड़ चुका था। कांग्रेस पार्टी मे. दरार पड़ चुकी थी। नरम दल के खेमे मे. इस दुर्भाग्यपूर्ण घटना से सबसे ज्यादा चोट गोपालकृष्ण गोखले को ही लगी थी।

सूरत कांग्रेस अधिवेशन के कुछ महीनों बाद ही तिलक को राजद्रोह के लिए दंड दिया गया। उस समय गोखले इंग्लैंड मे. थे, उन्ह. अंग्रेज सरकार के इस निर्णय से गहरा धक्का लगा व इसके साथ उन्ह. यह महसूस होने लगा कि इसका असर हमारे दल पर भी पड़ेगा। गोखले की यह आशंका निराधार नहीं थी। इसके अतिरिक्त उन्ह. जनता का भी रोष सहना पड़ा क्या.कि काफी लोग यह समझते थे कि तिलक को सजा दिलवाने मे. गोखले की कोई-ना-कोई भूमिका अवश्य है। फिर जब लंदन मे. गोखले ने तिलक को सजा दिए जाने पर, निन्दा करने वाली एक सभा मे. भाग लेने से साफ इनकार कर इस धारणा की काफी हद तक पुष्टि कर दी, जिससे बौखला कर गरम दल वाले कुछ गरम मिजाज नौजवानों ने गोखले के इस विश्वासघात के कारण उन्ह. मौत की सजा देने का निश्चय कर लिया। भारतीय समाचार पत्रों ने भी गोखले ने भी गोखले पर इस समय

पूरी तरह कीचड़ उछाला। इस स्थिति मे. गोखले ने 3 दिसम्बर 1908 को अपने सहयोगी ए. वी. पटवर्धन को एक पत्र लिखा। इस प्रकार के आक्रमण इस मामले मे. विशेष रूप से इसलिए कायरतापूर्ण और घृणित हैं क्या.कि वह एक गैरहाजिर व्यक्ति पर किए जा रहे हैं। इस स्थिति मे. इस तरह का आक्रमण दुष्टता का सूचक है। लेकिन यह द्वेषपूर्ण हरकत कोई नई हरकत नहीं है। ये कई वर्षों से मेरे पीछे पड़े हुए हैं व इनके हमला. के तीखेपन को मैं ही अच्छी तरह जान सकता हूं। एक समय ऐसा भी था जब मुझे इस सबसे घोर मानसिक पीड़ा होती थी। लेकिन अब मुझे इस स्थिति से कोई खास पीड़ा नहीं होती।

इसके बावजूद गोखले ने कुछ अखबारा. पर मानहानि का मुकदमा चलाया। जिससे वसूल हरजाने को उन्हा.ने कई संस्थाआ. को दान दे दिया। गोखले को पूरी तरह विश्वास था कि कुछ समय बाद ही, स्थिति शांत होने पर तिलक को छोड़ दिया जाएगा और वह भारत वापस आ सक.गे। लेकिन उनकी यह धारणा निर्मूल सिद्ध हुई। सरकार ने तिलक को नहीं छोड़ा। गोखले ने व्यक्तिगत रूप से लार्ड कार्ले और बम्बई के गवर्नर से अपील की जो निरस्त हो गयी। तिलक अपनी पूरी सजा भुगतकर जून 1914 मे. स्वदेश वापस लौट आए। तब तक गोखले गम्भीर रूप से बीमार थे और यह जान गए थे कि अब उनके जीवन के दिन गिनती के हैं। गोखले ने मन मे. तब भी कांग्रेस की एकता को लेकर चल रहे तिलक के प्रस्तावा. को लेकर दिली हमदर्दी थी। पर फिरोजशाह मेहता हर तरह से इन प्रस्तावा. को पूरी तरह निष्फल बना रहे थे। अपनी मृत्यु से दो सप्ताह पूर्व गोखले ने श्रीमती एनीबेस.ट से श्री एस. एस. सेतलुर के माध्यम से कोई समझौता कराए जाने का अनुराध किया था...।

गोखले लिखते हैं... मैं जानता हूं कि इसमे. तनिक भी कोई संदेह नहीं है, कि एक-न-एक दिन तिलक कांग्रेस मे. अपना कब्जा बना ल.गे। इसको कोई भी रोक नहीं सकता है। उनके दल के जिम्मेदार लोगा. के सामने मेरा समझौता जरूर रखना और मंजूर कराना है। भविष्य मे. चाहे जो कुछ भी हो, मुझे इस सन्तोष के साथ कि कांग्रेस की फूट समाप्त हो गयी है चैन से मरने दो।

लेकिन गोखले की यह अन्तिम इच्छा किसी तरह पूरी नहीं हो सकी। क्योंकि 19 फरवरी 1915 को गोखले की मृत्यु हो गयी। गोखले और तिलक दोना. ने ही अपनी-अपनी राजनीतिक भूमिका बहुत ही अच्छे ढंग से और ईमानदारीपूर्वक निभाई थी। अत: यह सोचना बेकार है कि इन दोना.

ने मिलकर काम किया होता तो बहुत कुछ कर के दिखलाया होता। जीवन-भर एक-दूसरे के परस्पर विरोध के बावजूद दोना. एक-दूसरे की प्रतिभा और देशभक्ति के कायल रह. हैं। 1905 मे. जब गोखले कांग्रेस के प्रतिनिधि के रूप मे. बैल्वी आयोग के सामने इंग्लैंड गए थे तो तिलक ने ही पूना मे. उनके सम्मान मे. स्वागत समारोह का आयोजन किया था। इस प्रकार तिलक को जैसे ही गोखले की मृत्यु की सूचना मिली तब वह तत्काल ही सिंहगढ़ से पूना रवाना हो गए ताकि गोखले को अपनी श्रद्धांजलि अर्पित कर सक.।

इसके बावजूद तिलक के शत्रुआ. ने तिलक पर यह तीखा आरोप लगाया कि गोखले की इतनी शीघ्र मृत्यु का कारण तिलक के कांग्रेस एकता के लिए लिखे जा रहे तीखे लेख हैं। इसके विपरीत तिलक ने 'केसरी' मे. गोखले के सम्बन्ध मे. लिखा, "लोग गोखले की प्रखर बुद्धि, कठोर अध्यवसाय और नम्रता, सरलता की प्रशंसा करते हैं पर यह उनके बाहरी गुण हैं। उनके अतिरिक्त गुणा. पर तो कोई वाद-विवाद सम्भव ही नहीं है, जिसके कारण ही उनको अपने बाहरी गुणों के विकास मे. पूरी-पूरी मदद मिली है। वह अपने निश्चय के प्रति हमेशा अडिग रहे इस कारण गोखले बहुत ही महान व्यक्ति थे।"

गोखले के अपने हृदय मे. भी तिलक के प्रति असीमित सम्मान था। श्रीनिवास शास्त्री के अनुसार गोखले ने कभी किसी व्यक्ति को तिलक की व्यक्तिगत बुराई करने की इजाजत नहीं दी। गोखले ने यहां तक कहा, "तिलक मे. कमजोरी हो सकती है पर वह महान व्यक्ति है, यह ठीक है मुझे भी उनसे कई बाता. को लेकर निबटना है। लेकिन तुम कौन हो, तुम तो उनके पासंग नहीं हो। उन्हा.ने अपने सद्गुणा. को देश सेवा के लिए ही निखारा है। भले ही मैं उनके तरीका. से सहमत नहीं होऊं पर उनकी प्रतिभा और देश-भक्ति पर मुझे जरा भी संदेह नहीं है। मेरा यह पक्का विश्वास है कि उनके बराबर देश पर किसी ने भी अपनी पूंजी देश को अर्पित नहीं की है। उनके बराबर सरकार के शक्तिशाली विरोध का सामना शायद ही किसी ने भी किया हो। उन्हा.ने अपना सब कुछ खो दिया और अपने अदम्य साहस व पुरुषार्थ से अपनी स्थिति ज्या. की त्या. कर ली है। हर बार अपनी अदम्य इच्छाशक्ति के बल पर उस सबको पुनः पा लिया।

तिलक और गोखले का मतभेद राजनीतिक संकटा. को लेकर उतना नहीं था जितना कि सैद्धांतिक विचारों को लेकर। वे दोना. दो विभिन्न दायरा. मे. चक्कर काटते प्रतीत होते थे। लेकिन वास्तव मे. उनकी भूमिकाएं

एक-दूसरे के पूरक रूप मे. थीं। दोना. परस्पर एक-दूसरे को मजबूत कर रहे थे। उन दिना. देश के हित मे. राजनीतिक आंदोलना. के अतिरिक्त वैधानिक प्रयास भी आवश्यक थे। दादा भाई नौरोजी की भांति गोखले ने भी ब्रिटिश अत्याचारा. को लेकर सारी दुनिया के सामने, ब्रिटिश शासन की कलई खोलने का काम किया। उनके स्वाभाविक तरीके से ब्रिटेन का सारा तबका उनसे पूरी तरह प्रभावित था। लार्ड मार्ले, लार्ड कर्जन जैसे व्यक्ति उन्ह. भरपूर सम्मान देते थे। अपनी सात इंग्लैंड यात्राओं से उन्हा.ने इंग्लैंड मे. भारत के हित मे. वातावरण तैयार किया। उन्हा.ने देश सेवा मे. अपना जीवन न्यौछावर कर दिया। गोखले भले ही जेल न गए हा. पर उन्हा.ने भी देश-हित मे. अपमान के कड़ुए घूंट पिए थे, वह जबकि देश-भक्त थे।

गोखले और गांधी

महात्मा गांधी गोखले को अपना राजनीतिक गुरु मानते थे। वह पूरी तरह गोखले के समक्ष शिष्य रूप मे. समर्पित थे। यह अलग बात है कि बाद मे. महात्मा गांधी गोखले से भी कहीं अधिक महान नेता व देशभक्त सिद्ध हुए। इस स्थिति मे. भी गोपालकृष्ण गोखले की महत्ता किसी रूप मे. कम नहीं होती है बल्कि बढ़ जाती है क्या.कि गांधी जी ने यह सद्‌गुण अपने परम गुरु गोखले से ही प्राप्त किए थे। महात्मा गांधी ने कहा- "मैं किसी राजनीतिक कार्यकर्ता मे. जो कुछ भी देखना चाहता हूं वह सब मुझे गोखले मे. देखने को मिला है। स्फटिक की भांति पवित्र, मेमने की तरह विनम्र, सिंह के समान वीर और अतिशय उदार। इसलिए इसमे. आश्चर्य की कोई विशेष बात नहीं है जो दिसम्बर 1914 मे. दक्षिण अफ्रीका से लौटने के बाद महात्मा गांधी ने गोखले का पल्ला जा पकड़ा। यह भी निश्चित है कि यदि गोखले की कम उम्र मे. ही मृत्यु न होती, तो महात्मा गांधी भी इतने महान कार्यों की ओर न मुड़ते। उन्हा.ने निश्चित रूप से कोई व्यवसाय चुन लिया होता।"

यह भारतीय इतिहास का एक परम विचारणीय प्रश्न है, इसके साथ-साथ यह भी विचारणीय बात है, कि कलकत्ता कांग्रेस मे. असहयोग के, जिसने गांधी-युग का सूत्रपात किया था, पर गोखले की प्रतिक्रिया क्या होती है?

यह सभी जानते हैं कि महात्मा गांधी जी, सर्वेंट ऑफ इंडिया सोसायटी के सदस्य बनना चाहते थे। गोखले उन्ह. अपना उत्तराधिकारी मानते थे। लेकिन सोसायटी के सदस्या. मे. यह संदेह था कि कहीं वह भी तिलक की भांति न निकले। जिससे गांधी जी स्वयं अपना मार्ग चुनने को स्वतंत्र हो गए। हालांकि अगले बारह महीनों मे. गोखले की इच्छानुसार गांधीजी ने सोसायटी की ओर से सारे भारत का दौरा किया। वह लोगा. से मिलते-जुलते

रहे और अपनी अंतर प्रेरणा के अनुसार काम करते रहे। जिसने उनकी भावी राजनीतिक भूमिका मे. बड़ा महत्वपूर्ण योगदान दिया।

गांधी जी गोखले को अपना राजनीतिक गुरु मानते थे इसको उनका निजी मामला ही कहा जा सकता है। क्या.कि गांधी जी के ऊपर गोखले की राजनीतिक विचारधारा का पूरा प्रभाव नहीं पड़ा। गांधी जी के अपने अलग राजनीतिक गुण विकसित हुए। हालांकि ब्रिटिश साम्राज्य के अन्दर उनके विचार गोखले के विचारा. के समान समझे जाते थे। परिणामत: जून 1915 मे. ब्रिटिश सम्राट के जन्मदिन पर सम्मानित व्यक्तियों की सूची मे. महात्मा गांधी का नाम भी गोखले के साथ सम्मिलित था। उन्ह. 'कैसरे हिन्द' की उपाधि मिली। महात्मा गांधी अपने गुरु गोखले के प्रति पूरी तरह सच्चे व ईमानदार थे, वह तिलक के प्रति आदर रखते हुए भी उनकी ओर नहीं झुके। इस कारण सन् 1921 मे. गोखले के शिष्य होने का दावा करने के बावजूद भी गांधी जी ने एक ऐसे कार्य को पूरा करने का बीड़ा उठाया जो तिलक को बहुत प्रिय था। गांधी जी ने कहा-"मैं तिलक का अनुयायी होने का दावा नहीं करता हूं। मैं उनका संदेश भले ही सारे देश मे. पहुंचा दूं लेकिन मेरा तरीका तिलक का तरीका नहीं है।"

गांधी जी के इस कथन से यह बात पूरी तरह स्पष्ट हो जाती है, उनके सिर पर गोखले या तिलक का सेहरा नहीं बंधा था। वह एक कपोल कल्पना मात्र है। तिलक या गोखले या गांधी किसी के भी सिर पर किसी का भी सेहरा नहीं बंधा था, जिस तरह नेपोलियन ने अपनी शक्ति और तलवार के बल पर साम्राज्य प्राप्त किया था उसी प्रकार गांधी ने और गोखले ने अपनी प्रतिभा, त्याग और संघर्ष के बल पर देश का नेतृत्व प्राप्त किया था। अत: किसी का भी, किसी पर भी कोई अहसान नहीं था।

जहां तक गोखले और गांधी जी के राजनीतिक साथ की बात है वह पूरे तीस वर्ष एक-दूसरे के समान्तर चले। पर गांधी और तिलक का राजनीतिक जीवन साढे पांच साल तक ही चल सका था।

भारत के राजनीतिक रंगमंच पर गांधी जी गोखले के प्रमुख अनुयायी के रूप मे. सामने आए। उन्हा.ने गोखले की नीति के अनुरूप अहिंसा का मार्ग अपनाया और सत्याग्रह के आंदोलन का सफल प्रयोग चम्पारन, विराम गाम, खेड़ा अहमदाबाद मे. किया और विजयश्री प्राप्त की। रौलट एक्ट के विरोध से उन्हा.ने जनता का नेतृत्व प्राप्त किया जो जीवनपर्यंत निबाहा।

पर महात्मा गांधी भी धीरे-धीरे गोखले की शिष्य परम्परा का पालन

करते रहे। वह एक ओर जहां सरकार के विरुद्ध अहिंसात्मक आंदोलन कर रहे थे वहीं ब्रिटिश फौज मे. भरती के लिए नवयुवका. को प्रेरित कर रहे थे। यहीं से तिलक मे. और गांधी मे. राजनीतिक विरोध पनपा जो आयुपर्यंत चलता रहा।

इसका कारण पूरी तरह वह राजनीतिक विचारधारा थी जिसके तिलक कट्टर विरोधी थे। चाहे उसके प्रणेता महात्मा गांधी रह हा. या उनके गुरु गोपालकृष्ण गोखले।

दूसरों की दृष्टि मे. गोखले

गोपालकृष्ण गोखले ने अपनी आत्मकथा नहीं लिखी है। ना ही उनकी यह इच्छा थी कि कोई उनकी आत्मकथा लिखे। गोखले ने अपने व्यक्तिगत जीवन के सम्बन्ध मे. कभी कुछ ना तो कहा और ना ही लिखा क्योंकि ऐसा करना उनकी नजरा. मे. धृष्टता थी। अपनी महान उपलब्धिया. को भी उन्हा.ने कुछ नहीं समझा। जबकि आज अपनी छोटी से छोटी उपलब्धि को बढ़ाकर आंकने का युग है। उनके समकालीन राजनेताआ., मित्रा. द्वारा लिखे गए रेखचित्र, लेख आदि उपलब्ध हैं, जिनकी सहायता से गोखले के मार्मिक चित्र पता लगते हैं।

अपने समकालीन नेताआ. मे. वरिष्ठ नेता महात्मा गांधी को गोखले अपना योग्यतम् शिष्य मानते थे। उन दोना. व्यक्तियों के बीच काफी समानताएं थीं। दोना. ही व्यक्ति बहुत ही महान आदर्शवादी, संघर्षशील व्यक्ति थे इनके आदर्श भी उच्च थे व दोना. ही अहिंसक राजनीति के कट्टर समर्थक थे। इन परस्पर समानताआ. के विषय मे. महात्मा गांधी ने लिखा है–"श्री गोखले से मैंने यह सीखा कि प्रत्येक भारतीय का स्वप्न यह होना चाहिए कि शब्द वैभव मे. ग्रस्त ना होकर इस देश की राजनीति का आध्यात्मिकरण किया जाए। उन्हा.ने मेरे जीवन को प्रेरित व प्रभावित किया और आज भी कर रहे हैं। इस नाते मे. अपने को और पवित्र बनाना चाहता हूं। अपना आध्यात्मिकरण करना चाहता हूं। उस आदर्श के प्रति मैंने अपने को पूरी तरह समर्पित कर दिया है। देश का आध्यात्मिकरण क्या है, इसके अलावा मेरा आध्यात्मिकरण क्या है यह सवाल अब बार-बार उठाया जा रहा है। आपके लिए यह पहली बात हो सकती है पर मेरे लिए दूसरी। मैं समझता हूं कि राजनीतिक जीवन व व्यक्तिगत जीवन का ही एक प्रतिरूप होना

चाहिए, इन दोना. के बीच सम्बन्धविच्छेद नहीं होना चाहिए...।"

गांधी जी ने गोखले के साथ अपने गुरु शिष्य सम्बन्धा. की गरिमा के सम्बन्ध मे. एक जगह गोखले के विषय मे. लिखा है, "उस संत राजनीतिज्ञ के अन्तिम समय मे. उनके साथ रहा और मैंने कभी उन्ह. अहंकारग्रस्त नहीं पाया। यदि वह देश को राजनीतिक क्षेत्र मे. आगे बढ़ाना चाहते थे तो उसका उद्देश्य व्यक्तिगत रूप से कोई लाभ उठाना नहीं था। उन्हा.ने अपने मे. सभी गुण संजोए, इसलिए कि विश्व उनके सदगुणा. का बरताव न करे बल्कि इसलिए कि इससे देश को लाभ पहुंचे। लोक प्रशंसा के पीछे वह कभी नहीं दौड़े परन्तु फिर भी लोगा. ने अपना प्रशंसा भाव उन पर बरसा दिया।"

"गोखले ने मुझसे एक बात यह कही, कि भारत मे. हमारे पास चरित्र की कमी है, राजनीतिक क्षेत्र मे. हमे. धार्मिक उत्साह की आवश्यकता है। तो क्या हम उसी पूर्णता और वैसे ही धार्मिक उत्साह के साथ अपने उस अग्र पुरुष की मूल आत्मा का अनुसरण करेंगे ताकि हम निश्चित भाव से किसी बच्चे को भी राजनीति की शिक्षा दे सक.?"

गोखले के सामयिक और उनके कट्टर विरोधी माने जाने वाले नेता लोकमान्य बालगंगाधर तिलक ने भी, आपसी मतभेदा. के बावजूद गोखले के व्यक्तिगत गुणा. की मुक्तकंठ से प्रशंसा की है। स्वयं गोखले ने भी राजनीतिक विरोध के बावजूद तिलक के प्रति पूरी तरह आदर-भाव बनाए रखा।

तिलक ने एक स्थान पर गोखले को एक अतिशय सरल शिशु तुल्य व्यक्ति ठहराया है जो दूसरा. का कहा आसानी से मान लेता है। दूसरा. की सदाशयता को प्राय: स्वत: सिद्ध मान लेता है।

गोखले के देहांत के बाद तिलक ने अपने पत्र 'केसरी' मे. 23 फरवरी 1916 को एक अग्रलेख लिखा, "गोखले मे. अनेक गुण थे। उनमे. सबसे मुख्य गुण यह था कि बहुत छोटी उम्र मे. उन्हा.ने निष्ठापूर्वक निस्वार्थ भाव से अपने आपको देश के लिए समर्पित कर दिया। ऐसे व्यक्ति आज भी विद्यमान हैं जो युवावस्था मे. जीवन के रसानुभव करने के बाद वृद्धावस्था मे. कोई काम न होने पर राजनीति मे. आते हैं। उस समय तक लोगा. की मानसिक क्षमता चुक जाती है और शारीरिक क्षमताएं क्षीण हो जाती हैं। ऐसे व्यक्ति आदर के पात्र नहीं बन पाते हैं। गोखले स्वभाव से ही मृदु थे अत: उनकी यह प्रवृत्ति थी कि नरम तरीका. से ही अपना कार्य

निकाल लिया जाए, हमारे सरीखे व्यक्तिया. को वह तरीके उपयुक्त जान पड़ते हैं। रोग के यथार्थ उपचार और पथापथ्य के सम्बन्ध मे. दो चिकित्सका. मे. मदभेद होने पर भी हम एक सफल चिकित्सक के रूप मे. गोखले का महत्त्व स्वीकार करते हैं।"

आगा ख़ान... गोखले एक राजनयज्ञ मात्र नहीं थे। वस्तुत: वह तो मेधाशील सृजानात्मक कलाकार थे। उनकी भाषण कला मे. शब्दा. की कारीगरी थी। परन्तु वह कथनी के कलाकार न होकर करनी के कलाकार थे और प्रत्येक महान कलाकार की भांति अपने लिए उपयुक्त सामग्री का चयन करने मे. उन्हा.ने कोई संकोच नहीं किया।

एम. ए. जिन्ना गोखले सरकार के कामा. और देश के प्रशासन के निर्भीक आलोचक व विरोधी थे। परन्तु अपने सभी कार्यों मे. वह तर्क और सच्चे समंताकार का पल्ला बराबर पकड़े रहे। इस प्रकार वह सरकार के सहायक रहे और जनता के लक्ष्य साधन के लिए शक्ति का स्त्रोत भी बने रहे। उनके व्यक्तित्व व कृतित्व से मिलने वाली शिक्षाआ. मे. से एक यह है कि उनका जीवन इस बात का प्रत्यक्ष प्रमाण है कि अकेला व्यक्ति कितना काम कर सकता है। अपने देश व देशवासिया. के भाग्य मे. कितना अधिक सारभूत योगदान कर सकता है और जिसके जीवन से लाखा. को सच्ची प्रेरणा और नेतृत्व की उपलब्धि हो सकती है।

एम. विश्वेश्वरैया... मैं श्री गोखले को 25 वर्षों से एक ऐसे व्यक्ति के रूप मे. जानता हूं जिसने अपनी आकांक्षाआ. पर स्वास्थप्रद और निर्णयात्मक अंकुश लगा दिए। इधर कुछ समय से गोखले को अंतर्राष्ट्रीय ख्याति मिल गयी है। प्रत्येक देश मे. भारतीय गर्वपूर्वक उनका उल्लेख एक ऐसे आदर्श स्वदेशवासी के रूप मे. करते हैं, जो किसी देश मे. सर्वोच्च स्तर तक पहुंच गया है।

पंडित मोतीलाल नेहरू... गोखले को देश भक्ति से आप्लावित एक ऐसी भव्य आत्मा प्राप्त थी जिसने और सभी भावा. को पराभूत कर लिया था। जन्मजात नेता होने के बावजूद भी उन्हा.ने अपनी गिनती देश के निम्नतम सेवक के रूप मे. की थी। उन्हा.ने अपना जीवन उसी आदर्श के प्रति समर्पित किया जो उन्हा.ने अपने देशवासिया. के सामने रखा...।

श्री वी. एस. शास्त्री... गोखले के चरित्र मे. उन लोगा. के प्रति बड़ी श्रद्धा व कृतज्ञता थी जिन्हा.ने उन्ह. कुछ भी सिखलाया था। उनके प्रति भी सराहना का भाव था जिन्हा.ने देश की जरा-सी भी सेवा की थी। यह

आश्चर्य की बात है कि एक महापुरुष बन जाने के बावजूद रानाडे अथवा फिरोजशाह मेहता जिस किसी भी व्यक्ति के बारे मे. बात करते समय अधिकतम विनम्रतापूर्वक झुक जाते थे। जब हम व्यक्ति या तिलक के बारे मे. बात करते थे तो वह कभी हमे. तिलक के सम्बन्ध मे. अपमानपूर्ण शब्दा. का, तिरस्कार का प्रयोग नहीं करने देते थे। वह प्राय: कहा करते... तिलक मे. अनेक बुराइयां भले ही हो मुझे भी उनसे अनेक झगड़े निपटाने हा., परन्तु आपको उससे क्या? आपकी और उनकी क्या तुलना? वह एक महापुरुष हैं, उनको सर्वोच्च स्तर की अनुभूतियां प्राप्त हैं। उन्हा.ने देश के लिए कितना किया। मेरा विराध उनकी कार्यपद्धति से है। उनकी लक्ष्य की चुनौती को मैं नकार नहीं सकता हूं। विश्वास कीजिए तिलक जैसा देश-भक्त होना बहुत मुश्किल कार्य है।

लार्ड कर्जन... गोखले विरोधी दल के नेता थे। इस कारण मुझे प्राय: श्री गोखले के प्रहारा. को सहन करना पड़ता है। मैंने उन जैसा महान संसदीय क्षमता प्राप्त व्यक्ति किसी देश मे. नहीं देखा। वह संसार की किसी भी संसद चाहे वह ब्रिटिश हाउस ऑफ कॉमन्स क्या. ना हो के विशिष्ट सदस्य बन सकते थे। हमारे बीच अनेक मतभेद भले ही रहे हा. पर मैं उनकी योग्यता, उच्चचरित्र को कभी भी अस्वीकार नहीं कर सकता हूं।

लार्ड हार्डिंग... लेजेस्लेटिव कांउसिल मे. गोखले विरोधी दल के नेता थे और वास्तव मे. वह उत्कृष्ट वक्ता और तर्कसंगत बात करने वाले ऐसे राजनीतिज्ञ थे जिसके प्रति मेरे मन मे. असीम आदर भाव है। मैं उन्ह. काउंसिल सदस्य से अधिक अपने परम मित्र के रूप मे. उनका सम्मान करता हूं।

इ.एस. मंटेग्यू... बजट प्रस्तावा. मे. भारत की ओर से वायसराय काउंसिल मे. उनका कोई जबाव नहीं है उसके पास वह गुण तो थे ही जिनका संबंध राजनयज्ञता के साथ जोड़ा जाता है, इसके अतिरिक्त उन्हा.ने अपने मस्तिष्क मे. विद्यमान उमंगा. व उत्साह की ऊर्जा व मानवीय क्षमताआ. को कभी क्षीण नहीं होने दिया।

रैम्जे मैकडानल्ड... गोखले के रूप में भारत को एक अनुरक्त तथा निष्ठावान पुत्र प्राप्त था। वह भारतीया. की उस जाति के सदस्य थे जिन्हा.ने मस्तिष्क की तथा आत्मा की वह सौम्य गरिमा बनाए रखी जो स्वयं अपनी जाति तथा उसके सौभाग्य के प्रति अडिग आस्था से उत्पन्न होती है।

सर गाई फ्लीट वुड विल्सन... गोखले को देखकर मुझे सदा ही ग्लेड स्टोन की याद आती है। क्या.कि गोखले और उनके गुणा. का बहुत ज्यादा साम्य है।

एच. डब्ल्यू नेविन्सन... गोखले एक कांग्रेसी थे फिर भी उनमे. कांग्रेस वाला. को तथाकथित बकवादी और झक्कीपन बिलकुल भी नहीं था। लार्ड कर्जन उनके इसी गुण के कारण उनके प्रशंसक थे। वामाग्नि उनमे. जारा भी नहीं थी। जो भी बात करते तर्क की कसौटी पर कसके कहते। तथ्या., आकड़ा. से सच साबित करने की क्षमता के साथ करते। हवाई बाता. से उन्ह. सख्त परहेज था। उनकी इस विशेषता के कारण ही शासक वर्ग मे. उनका हमेशा आदर रहा है।

संस्मरण

श्रीमती सरोजनी नायडू, गोपालकृष्ण गोखले की बहुत प्रशंसक थीं। गोखले की मृत्यु के बाद, सरोजनी ने 'गोखले दी मैन' नाम से एक बहुत बड़ा लेख लिखा था। जिसमे. गोखले के साथ उनके अविस्मरणीय संस्मरण तो थे ही, साथ-साथ गोखले के कार्यों व उनके व्यक्तितत्व का मार्मिक विवेचन भी किया गया था।

भारत कोकिला सरोजनी नायडू ने लिखा-"उनके जिस बाहरी व्यक्तितत्व को समूचा विश्व जानता है व आदर की दृष्टि से देखता है, राजनीतिक विश्लेषण, संशलेषण की उनकी अद्वितीय सहज शक्ति, तथ्या. के विषय मे. उनकी निर्मम, निभ्रांत प्रवीणता और सुव्यवस्थित तथा आंकड़ा. को पूर्ण संगत ढंग से प्रस्तुत करने की उनकी कुशलता, विरोध के अवसर पर व्यक्त उनकी शिष्ट किन्तु अदम्य स्पष्टवादिता, सम्मानपूर्वक समझौता कराने की उनकी अपूर्व गरिमा व साहस, उनकी व्यापक दूर दृष्टि, राजनीतिकता का विस्तार और संयतता व ओज, सत्यवादिता दैनिक जीवन मे. सत्यवादिता, सरलता, त्यागशीलता का गुण!"

श्रीमती सरोजनी नायडू ने गोखले के साथ अपनी कलकत्ता कांग्रेस अधिवेशन मे. सन् 1911 के दौरान हुई मुलाकात का जिक्र करते हुए लिखा है-

...गोखले ने पूछा.... भारत के विषय मे. तुम्हारा क्या विचार है? सरोजनी नायडू ने उत्तर दिया... भारत का भविष्य आशामय है।

निकट भविष्य के सम्बन्ध मे. तुम्हारा क्या विचार है।

पांच बरस से भी कम समय मे. हिन्दू-मुस्लिम एकता। वात्सल्य से भरे हुए स्वर मे. गोखले ने कहा-"बच्ची तुम कवि हो, पर तुमने उचित से अधिक आशा की है। यह एकता मेरे और तुम्हारे जीवनकाल मे. नहीं हो पाएगी। फिर भी अपना विश्वास बनाए रखकर अपना काम करती रहो।"

मार्च 1912 मे. गोखले उनसे बम्बई मे. मिले और मिलने पर हंसते हुए पूछा... क्या मशाल मे. अब भी उतनी ही ज्योति है? इस पर सरोजनी नायडू ने कहा... पहले से भी अधिक। परन्तु गोखले तब भी उतने ज्यादा आशान्वित नहीं थे।

मुस्लिम लीग का एक अधिवेशन लखनऊ मे. हुआ था, उसमे. सरोजनी नायडू ने भाग लिया था। इस अधिवेशन मे. एक नया संविधान संशोधित हुआ था, जिसमे. राष्ट्रीय कल्याण और प्रगति के सभी मामलों मे. दूसरी सहवर्ती जाति के साथ सच्चे सहयोग का प्रधान शब्द पहली बार सुना गया था।

तब सरोजनी नायडू को लगा कि जैसे उनका सपना सच हो गया है, वे अविलम्ब पूना गयीं जहां वह जाते ही गोपालकृष्ण गोखले से मिली। गोखले उन दिना. बीमार चल रहे थे, बहुत दुर्बल हो गए थे।

उन्ह. देखकर गोखले बोले, "क्या तुम यह बतलाने आई हो कि तुम्हारी कल्पना सत्य सिद्ध हो गई है।" इसके बाद तो गोखले ने आदि से अन्त तक उक्त सम्मेलन का हाल पूछा।

सरोजनी नायडू के अनुसार, "उस समय उनका थका हुआ, पीड़ा से मुरझाया चेहरा उल्लास से जगमगा उठा जब मैंने उन्ह. इस बात का पूरा-पूरा भरोसा दिलाया कि जहां तक नौजवाना. का प्रश्न है उनके केवल राजनीतिक औचित्य की भावना से ही नहीं बल्कि वास्तविक निष्ठा से प्रेरित होकर ही इतनी स्पष्टता तथा उदारतापूर्वक हिन्दुओं की ओर सद्भावना का हाथ बढ़ाया है।" गोखले का उत्तर था... जहां तक हमारे बस की बात है ऐसा ही किया जाएगा। लगभग एक घण्टे बाद मैंने देखा इस सारे भावावेश से वह बहुत ही क्लांत हो गए थे। शाम के समय श्रीमती नायडू पुनः गोखले से मिलीं...। उस समय उन्ह. गोखले का एक नया ही रूप देखने को मिला...। इस रूप मे. स्फूर्ति थी, उल्लास था। पर उनके चेहरे पर पीलापन भी था, पर इसके साथ-साथ सुबह के समय के अवसाद-विषाद का लेशमात्र भी विद्यमान नहीं था। उन्ह. सीढ़िया. की ओर बढ़ते देखकर सरोजनी नायडू चिल्लाई, "क्या आप सारी सीढ़ियां चढ़ने की सोच रहे हैं।" गोखले ने हंसकर कहा, "तुमने मेरे अन्दर एक नई आशा जगा दी है, मुझे अनुभव होने लगा है कि मुझमे. परिस्थितिया. का सामना करने की और फिर कार्यशील होने के लिए पर्याप्त बल प्राप्त हो चुका है।"

सरोजनी नायडू आगे लिखती है... उसी समय उनकी बहन और उनकी पुत्रियां उनके पास आ गयीं। हम सब आधा घण्टे छज्जे पर बैठे रहे,

जहां से हम ढलते हुए सूरज की ओर आसानी से देख सकते थे। अपने सामने के सुन्दर प्राकृतिक दृश्य को निहारते हुए, हम देश की तत्कालिक राजनीति पर चर्चा करते रहे। मेरे लिए यह पहला व एक मात्र अवसर था जब मैंने उस एकांतप्रिय व्यक्ति के साथ कार्यसाधना और पारिवारिक जीवन की झांकी प्राप्त की। उनकी लड़किया. के अन्दर चले जाने के बाद हम गोधूलि की बेला मे. बड़ी देर तक शांति व मौन बैठे रहे। जिसके पश्चात् गोखले की किसी गहरे मनोवेग से उद्वेलित सुमधुर स्वर लहरी ने मौन भंग करके उपदेश तथा उद्बोधन के इतने गम्भीर, इतने प्रेमप्रद शब्द कहे जिनका प्रभाव आज तक मेरे मन-मस्तिष्क पर छाया हुआ है। उस समय उन्हा.ने भारत के गौरवशाली इतिहास और संस्कृति की बात कही थी। उन्हा.ने कहा था, "मेरे पास खड़ी हो जाओ और इन नक्षत्रा. तथा पर्वता. की उपस्थिति मे. उन्ह. साक्षी बनाकर अपना जीवन और अपनी प्रतिभा, अपनी वाणी, अपना संगीत, अपने विचार, अपनी आशा अपनी मातृभूमि को समर्पित कर दो। तुम कवि हो, पर्वत शिखरा. पर से प्रेरणा पाकर आशा का वह संदेश दूर-दूर तक घाटिया. मे. परिश्रमरत व्यक्तिया. तक पहुंचा दो। मेरे विदा मांगने पर उन्हा.ने फिर कहा... तुमने मुझे नई आशा, नया विश्वास, नया साहस प्रदान किया है। आज मैं आराम से रह सकूंगा। आज मैं चैन की नींद सो सकूंगा।"

दो माह पश्चात् गोपालकृष्ण गोखले और सरोजनी नायडू की लंदन मे. दोबारा मुलाकात हुई। सरोजनी नायडू कहती हैं-"मेरा लंदन पहुंचने पर स्वागत करने वाला. मे. बहुत से परिचित व अपरिचित थे। उनमे. गोखले भी थे जो उस समय विदेशी वेशभूषा मे. थे। सिर पर हैट पहने हुए थे। मैंने पल-भर एकटक उनकी ओर देखा... फिर पूछा... आपकी उस बगावत पगड़ी का क्या हुआ? गोखले ने बात को एक संक्षिप्त मुस्कराहट मे. टाल दिया। गोखले के साथ शीघ्र ही मे. उनके पुराने मित्रवत रूप मे. आ पहुंची, जो गोखले का सर्वप्रिय सामाजिक रूप था, जो पार्टिया. मे. शामिल होने वाला, थिएटर ब्रिज, व नेशनल लिबरल क्लब की छत पर महिलाआ. के साथ डिनर करते हुए मुखरित होता था। गोखले को चेरी बहुत पसन्द थी। मैं इस बात का बराबर ध्यान रखती थीं कि वह जहां भी जाए उन्ह. पर्याप्त मात्रा मे. चेरी अवश्य मिल जाएं। मैं उनसे हमेशा मजाक करती। हर व्यक्ति की कुछ न कुछ कीमत होती है... आपकी कीमत है कुछ चेरी।"

गोखले के समकालीन डॉ. तेजबहादुर सप्रू ने उनके बारे मे. एक घटना का जिक्र किया है... कांग्रेस प्रस्तावा. के बारे मे. लोगा. को समझाने के लिए

गोपालकृष्ण गोखले ने 1907 मे. उत्तर भारत का जो दौरा किया था उसमे. इलाहाबाद भी एक था। वह जब इलाहाबाद आए तब उन्हा.ने सुबह 10 बजे से सायंकाल चार बजे तक किसी से भी मिलने की इजाजत नहीं दी क्या.कि इस समय म. उन्ह. भाषण तैयार करना था। उस समय उन्ह. सक्रिय राजनीति मे. आए पूरे बीस साल हो गए थे। फिर भी उन्हा.ने भाषण पहले से ही तैयार करने का दृढ़ निश्चय कर लिया था। मैंने उनका वह भाषण सुना। वह वाकई मन्त्रमुग्ध करने वाला भाषण था। मैंने इस विषय पर ऐसा भाषण पहले कभी नहीं सुना था। उनका एक-एक शब्द महत्वपूर्ण था। तीन-चार साल बाद वह जब दोबारा इलाहाबाद आए, तब भी वह इतने ही व्यस्त थे। उस समय वह यूनिवर्सिटी रेसेज कांग्रेस के लिए एक निबन्ध तैयार कर रहे थे। आज भी अगर आप वह निबन्ध पढ़. तो उसका एक-एक शब्द बहुत मूल्यवान और सार्थक लगेगा। एक शब्द छोड़ने या लगाने से उसका सौन्दर्य नष्ट हो जाएगा।

जब उन्हा.ने अपना प्राथमिक शिक्षा विधेयक पेश किया था तब वह पूरी रात उन्हा.ने सभी पक्षा. का पूरा-पूरा अध्ययन करके बिताई थी। गोखले जितना राजनीति पारंगत व्यक्ति भारत मे. कोई दूसरा हुआ हो इसका कम-से-क़म मुझे ज्ञान नहीं है।

गोपालकृष्ण गोखले के विषय मे. महात्मा गांधी ने बहुत ही दर्शनीय चित्र प्रस्तुत किया है, वह लिखते हैं... गोखले के साथ काम करने की पद्धति से मुझे जितना आनन्द प्राप्त हुआ उतना ही मैंने उससे प्रेरणा भी प्राप्त की। उनकी बाता. मे. कहीं भी मलिनता, गैरजिम्मेदारी, असत्य दिखलाई नहीं पड़ा। हिन्दुस्तान की गरीबी और पराधीनता उन्ह. हमेशा कांटे की तरह चुभती थी। हर आने वाले को उनका एक ही उत्तर था... आप इस काम को कीजिए, मुझे अपने काम को करने दीजिए। मुझे देश के लिए स्वाधीनता प्राप्त करनी है। उसके बाद ही मेरा ध्यान दूसरी बाता. की ओर जाएगा, अभी तो मेरे पास एक क्षण की भी फुर्सत नहीं है।

जब गोखले दक्षिण अफ्रीका आए थे तब हमारे फार्म हॉउस मे. चारपाई जैसी कोई वस्तु नहीं थी। हम गोखले के सोने के लिए एक चारपाई किसी तरह मांग कर लाए। कोई ऐसा कमरा नहीं था जहां उनको पूरी तरह एकांत प्राप्त हो।

ऐसी स्थिति मे. नाजुक तबियत वाले हृदय रोगी गोखले को पर्याप्त विश्राम कैसे प्राप्त होता। इसके आलावा स्टेशन से फॉर्म हॉउस पूरे डेढ़ मील दूर था। मैंने गोखले को जब इन सारी स्थितिया. के बारे मे. बतलाया

तो उन्हा.ने इस सारी व्यवस्था पर अपनी पूरी तरह सन्तुष्टि जतलाई। पर दुर्भाग्यवश उस रात भारी बरसात हो गई। यकायक मेरे किए की व्यवस्था मे. अब कोई परिवर्तन करना भी सम्भव नहीं था। इस अज्ञान भरे प्रेम ने गोखले को बहुत ज्यादा कष्ट दिया। उन्ह. ठण्ड लग गई। उनके लिए मैंने खास शोरबा बनाया। भाई कोतवाल ने उनके लिए गरमागरम चपाती बनाई। पर उन्ह. गरम बनाए रखना कठिन था। गोखले ने उस भोजन को बिना मुंह बनाए स्वीकार कर लिया। पर उनके चेहरे से मुझे ना जाने क्या. अपनी मूर्खता का ज्ञान हो ही गया।

हम लोगा. को जमीन मे. सोते देखकर उन्हा.ने वह चारपाई जो उनके लिए लाई गई थी पर सोना स्वीकार नहीं किया। उन्हा.ने हम सबके साथ अपना बिस्तर भी फर्श पर लगा लिया। यह रात हम सबके लिए पश्चाताप की रात थी। गोखले की एक आदत थी जिसे मैं सबसे खराब आदमी कहता था, वह नौकर की ही सेवा स्वीकार करते थे। पर ऐसी यात्राआ. मे. नौकर को वह साथ नहीं रखते थे। मैंने और मिस्टर कैलन बैक ने उनसे बहुत अनुनय विनय की कि हमे. पांव दबाने दीजिए पर इसके लिए वह टस से मस नहीं हुए। उन्हा.ने तो हमे. अपना शरीर भी स्पर्श नहीं करने दिया।

गांधी जी गोखले को महात्मा कहा करते थे... यानि जिस व्यक्ति को सारी दुनिया महात्मा कहता था वह व्यक्ति स्वयं गोखले को महात्मा मानता था। गोखले ने अपनी वसीयत मे. जो कुछ लिखा था वो सब महात्मा गांधी को पूरा-पूरा ज्ञात था...। गोखले ने लिखा था... मेरी मृत्यु के बाद, यदि शोकसभा की गई तो मेरी आत्मा को शांति नहीं मिलेगी। भारत वही जीवन व्यतीत करे जिस तरह का जीवन वह अब तक व्यतीत करता रहा है। सर्वेंट ऑफ इंडिया सोसायटी पूरी तरह फल-फूलकर राष्ट्र की सेवा मे. लगे...।

पंडित जवाहरलाल नेहरू ने गोखले के जीवन की एक रोचक घटना का उल्लेख किया है...1812 के बड़े दिना. की छुट्टी मे. मैं एक डेलीगेट की हैसियत से बांकीपुर कांग्रेस मे. शामिल हुआ था, जो बहुत हद तक अंग्रेजी जानने वाले उच्च श्रेणी के लोगा. का महोत्सव था। जहां सुबह से शाम तक ताजा इस्त्री किए वस्त्र पहने लोग घुमते-फिरते दिखलाई पड़ते। वस्तुतः वह एक सामाजिक उत्सव था जिसमे. किसी भी प्रकार राजनीतिक सरगर्मी नहीं थीं। गोखले दक्षिण अफ्रीका की यात्रा से लौटकर सीधे वहां आए थे। उस अधिवेशन के प्रमुख व्यक्ति वही थे। उनकी तेजस्विता, सच्चाई और शक्ति

से, वहां आए व्यक्तिया. मे. वही ऐसे लग रहे थे जो राजनीति और सार्वजनिक मामला. मे. पूरी गम्भीरता से विचार करने वाले थे। मुझपर उनका बहुत गहरा प्रभाव पड़ा।

जब गोखले बांकीपुर कांग्रेस से लौटे तो एक खास घटना हो गयी। वह उन दिना. पब्लिक सर्विस कमीशन के सदस्य थे। इस कारण उनके लिए एक फर्स्ट क्लास का पूरा डिब्बा रिजर्व था। गोखले अपनी बीमारी और एकांतप्रिय स्वभाव के कारण इस कम्पार्टमे.ट मे. चुपचाप अकेले यात्रा करना चाहते थे ताकि उन्ह. बाकी सफर मे. पर्याप्त शांति मिले। पूरी गाड़ी तरह-तरह के लोगा. से ठसाठस भरी हुई थी। गोखले के डिब्बे मे. भूपेन्द्रनाथ बसु आ गए जो कि बहुत ही बातूनी स्वभाव के थे। उन्हा.ने गोखले से उस डिब्बे मे. यात्रा की अनुमति चाही जो कि गोखले ने ना चाहकर भी दे दी। कुछ देर बाद बसु अपने दो मित्रा. को ले आए जो कि उनकी ही तरह बातूनी थे। काफी देर तक सब लोग बेफिजूल बाता. से गोखले को तंग करते रहे और बाद मे. यह कहने लगे कि आप अगर ऊपर की बर्थ पर सो जाएं तो ज्यादा अच्छा रहे क्या.कि मुझे और मेरे मित्रा. को ऊपर की बर्थ पर नींद नहीं आती। तब गोखले चुपचाप ऊपर की बर्थ पर जा लेटे।

पंडित नेहरू के अनुसार, "गोखले की भारत सेवक समिति की ओर मे. भी आकर्षित था। पर मैंने उसमे. शामिल होने की बात कभी नहीं सोची थी। कुछ तो इसलिए कि उनकी राजनीति मेरे लिए बहुत ज्यादा नरम थी और दूसरी बात यह है कि मैं अपना पेशा छोड़ना नहीं चाहता था। जबकि मेरे मन मे. समिति के सदस्या. के प्रति बहुत सम्मान की भावना थी। उन सबने निर्वाह-मात्र पर अपने जीवन को देश की सेवा मे. लगा दिया था। भले ही उनका काम देश की सेवा मे. पूरी तरह सार्थक सिद्ध ना हुआ हो।"

डॉक्टर राजेन्द्र प्रसाद के अनुसार... सन् 1910 की बात है। एक बैरिस्टर मित्र ने उन्ह. बतलाया कि गोखले उनसे मिलने के इच्छुक हैं। मैं बहुत आश्चर्यचकित था कि मेरा नाम उन तक कैसे जा पहुंचा और उन्हा.ने क्या. बुलाया है? बाद मे. मित्र ने बतलाया, गोखले तो बिहार के कुछ युवका. से मिलने के इच्छुक थे। प्रसंगवश इसमे. राजेन्द्र बाबू का नाम भी आ गया था।

गोखले ने राजेन्द्र बाबू से मिलने पर कहा, "हो सकता है एक दिन तुम्हारी वकालत खूब चले। तुम बहुत रुपया पैदा करो। बहुत ऐश-आराम मे. दिन बिताओ परन्तु देश का भी कुछ अपना हक युवका. पर है। तुम लोग मेधावी हो इसलिए यह हक कुछ ज्यादा है।"

पर राजेन्द्रबाबू चाहकर भी गोखले की इच्छा पूरी ना कर सके। उनका परिवार गरीब था। सबको पैसे की तत्काल आवश्यकता थी। इसलिए देश सेवा से ज्यादा उनकी दृष्टि म. पेटपूजा महत्वपूर्ण थी। मेरे देश का व्रत लेते ही भाइया. ने बोलना तक छोड़ दिया। पर बाद में सब कुछ समझने के बाद सब धीरे-धीरे ठीक हो गया। मुझे कई दिन नींद नहीं आई... खाना-पीना भी बराए नाम रहा... शांति तब ही मिली जब मैं सर्वेंट्स ऑफ इंडिया सोसायटी का आजीवन सदस्य बन गया।"

गोखले के स्वभाव का पता जानने के लिए यह अछूता प्रसंग जान लेना भी आवश्यक है... । सन् 1908 मे. तिलक पर अभियोग लगाकर उन्ह. कारावास की सजा दे दी गई थी। इस समय सूरत के कांग्रेस अधिवेशन का विवाद ताजा था। भारत के कुछ अखबारा. ने आरोप लगाया कि तिलक को कारावास देने के लिए मार्ले पर दबाव डालने म. गोखले का पर्याप्त हाथ था। इस कहानी के पीछे गोखले को बदनाम करने की पूरी-पूरी साजिश थी। मार्ले ने 3 जुलाई को मिंटो को पत्र लिखा... जो भी हो तिलक के विरुद्ध की जा रही कार्यवाही की गिनती मैं अच्छे रूप मे. नहीं देखता। आपको यह लिखने से कोई एक घण्टा पूर्व मैंने केसरी मे. एक लेख देखा है, मैं नि:संकोच कह सकता हूं, पहली ही नजर मे. मुझे यह महसूस हुआ कि इस पर ध्यान देना आवश्यक नहीं है।

फिर भी गोखले के निंदक यही ही कहते रहे कि तिलक के अभियोजन का मूल कारण गोखले ही है। पर गोखले ने इन निंदका. को कभी बुरा नहीं कहा।

गोखले एक बार प्रथम श्रेणी से यात्रा कर रहे थे। एक अंग्रेज सेना अधिकारी भी उसी कम्पार्टमे.ट मे. आया व उसने गोखले का सामान उठाकर कम्पार्टमे.ट से बाहर फ.क दिया। बाद मे. स्टेशन के कर्मचारिया. ने जब उस सेना अधिकारी को यह बताया कि गोखले एक अत्यन्त महत्वपूर्ण व्यक्ति हैं और इंपीरियल लेजिस्लेचर के सदस्य हैं तो उस व्यक्ति ने तुरन्त गोखले से क्षमा-याचना कर ली और उनका सामान उठाकर वापस रख लिया। बात आई गयी हो गयी। गोखले ने क्षमा मांगने पर क्षमा कर दिया। पर गोखले के किसी मित्र ने इस घटना की शिकायत लार्ड कर्जन से कर दी। लार्ड कर्जन यह सुनकर आगबबूला हो गए। उन्हा.ने तत्काल गोखले से उस व्यक्ति का नाम पता पूछा। पर गोखले तो उसे क्षमा कर चुके थे। उन्हा.ने कर्जन को सारी बात बतलाई, साथ ही यह भी कहा कि दोष उस व्यक्ति का नहीं है बल्कि उसके अन्दर मौजूद उच्चतर जातिगत उत्कृष्टता का है।

इस भावना का जब तक अन्त नहीं हो जाएगा तब तब भारतीया. का अपमान होता ही रहेगा।

उनकी स्मरण शक्ति का यह हाल था कि एक बार आयरलैण्ड की रेल यात्रा करते समय, उन्हा.ने अपने सहयात्रिया. के सामने एक बार टाइम टेबिल पर नजर डालकर आने वाले सभी रेलवे स्टेशना. का नाम दोहरा दिया था।

इसी प्रकार गोखले ने एक बार लैटिन भाषा सीखने का निश्चय किया। कुछ पुस्तक. खरीदीं और शीघ्र ही उसे छोड़ भी दिया। कलकत्ता मे. रहकर गोखले काफी अच्छी बंगला जान गए थे। उनके मित्रा. ने ही उन्ह. संगीत सीखने की सलाह दी। गोखले ने तुरन्त कई वाद्य-यन्त्र खरीद डाले। पर संगीताभ्यास उन्ह. रास नहीं आया। इसी प्रकार किसी के कहने पर योगाभ्यास की तरफ ध्यान लगाया पर वहां भी असफल सिद्ध हुए।

गोपालकृष्ण गोखले के जीवन की महत्वपूर्ण घटनाएं

1866 : 9 मई को रत्नागिरी जिले के कोतोलुक गांव में जन्म।

1879 : पिता का देहांत।

1880 : में विवाह।

1881 : में मैट्रिक परीक्षा पास की।

1882 से 84 : कॉलेज की शिक्षा, बी.ए. पास किया और वकालत म. प्रवेश।

1885 : फर्ग्युसन कॉलेज की स्थापना, न्यू इंग्लिश स्कूल म. सहायक अध्यापक।

1886 : दक्कन एजूकेशन सोसायटी की स्थापना।

1887 : दूसरा विवाह।

1888 : सुधाकर के अंग्रेजी संस्करण के सम्पादन का भार संभाला, सार्वजनिक सभा के अवैतनिक मंत्री तथा मुखपत्र के संपादक बने।

1889 : बम्बई राष्ट्रीय कांग्रेस अधिवेशन म. भाग लिया।

1891 : दक्कन एजूकेशन सोसायटी के मंत्री।

1893 : माता का निधन।

1895 : कांग्रेस के संयुक्त मंत्री और बम्बई विश्वविद्यालय के फैलो बने। 'रास्ट्रसभा' समाचार पत्र के संपादक।

1896 : सार्वजनिक सभा और उसके मुखपत्र से त्याग-पत्र।

1897 : पहली इंग्लैंड यात्रा बैल्वी आयोग के समक्ष।

1898 : प्लेग रोकथाम म. लगे।

1899 : बम्बई विधान परिषद के सदस्य चुने गए।

1901 : भूमि अंतरण विधेयक का विरोध।

1902 : फर्ग्युसन कॉलेज से अवकाश ग्रहण।

1903 : गांधी जी से मुलाकात व दोनों का एक साथ कलकत्ता में प्रवास।

1904 : सी.साई.ई. की उपाधि प्राप्त की।

1905 : सर्वेंट्स ऑफ इंडिया सोसायटी की स्थापना, दूसरी इंग्लैंड यात्रा। बनारास कांग्रेस के अध्यक्ष निर्वाचित।

1906 : तीसरी इंग्लैंड यात्रा।

1907 : बड़े भाई का निधन।

1908 : चौथी इंग्लैंड यात्रा।

1910 : नेटाल के करारबद्ध मजदूर आंदोलन से जुड़े।

1911 : प्रारंभिक शिक्षा विधेयक पेश किया और राजद्रोह विधेयक का विरोध।

1912 : भारत में पुलिस व्यवस्था पर भाषण, पांचवीं इंग्लैंड यात्रा। लोक सेवा आयोग के लिए स्थापित आयोग के सदस्य।

1913 : इंग्लैंड यात्रा, दक्षिण अफ्रीका म. भारतीया. के आंदोलन के लिए धन संग्रह, सातवीं इंग्लैंड यात्रा।

1914 : के.सी. आई.ए. (नाइट कमांडर ऑफ दी इंडियन एंपायर) की उपाधि लेने से इंकार। गांधी स्मट्स समझौते म. योगदान।

1915 : कांग्रेस के नरम व गरम दल की संधि म. विवादास्पद भूमिका।

1915 : 19 फरवरी को देहावसान।